Die masurischen Könige

Das Buch

»Die ganze Geschichte ist zweitausend Jahre alt, und Genaues weiß keiner«, erklärt Eric, der Fischer und Fallensteller aus Alaska. Arno Surminski erzählt von besinnlichen und heiteren, unheimlichen und sonderbaren Begebenheiten rund um das Weihnachtsfest. Er beschreibt die »schöne Bescherung«, die ein rosaroter Kakadu im Weihnachtszimmer anrichtet, erzählt von Tannenbäumen, die am Himmel stehen, erklärt, warum die masurischen Heiligen Drei Könige schwarze Gesichter haben, und weiß, wie man früher in Jokehnen, Kudenow und Poggenwalde Weihnachten feierte.

Der Autor

Arno Surminski, 1934 in Jäglack (Ostpreußen) geboren, arbeitet seit 1972 freiberuflich als Wirtschaftsjournalist und Schriftsteller. Er hat über zwanzig Romane und Erzählbände veröffentlicht, darunter die Bestseller *Jokehnen*, *Sommer vierundvierzig* und zuletzt *Vaterland ohne Väter*.

Arno Surminski

Die masurischen Könige

Weihnachtsgeschichten

List Taschenbuch

Besuchen Sie uns im Internet:
www.list-taschenbuch.de

Umwelthinweis:
Dieses Buch wurde auf chlor- und säurefreiem Papier gedruckt.

Gekürzte Ausgabe im List Taschenbuch
List ist ein Verlag der Ullstein Buchverlage GmbH, Berlin.
Sonderausgabe 2008
© Ullstein Buchverlage GmbH, Berlin 2008
© 2003 by Ullstein Heyne List GmbH & Co. KG
© 1999 by Ullstein Buchverlage GmbH & Co. KG
Umschlagkonzeption: RME Roland Eschlbeck und
Kornelia Rumberg
Umschlaggestaltung: ZERO Werbeagentur, München
Bildmotiv: © getty images
Satz: Dörlemann Satz
Gesetzt aus der Centennial
Druck und Bindearbeiten: CPI – Clausen & Bosse, Leck
Printed in Germany
ISBN 978-3-548-60873-0

Inhalt

Der rosarote Kakadu

Das Unglück begann am 1. Advent, als Evelyn ihren Wunschzettel ausfüllte. Sie brachte ihn mit zum Frühstückstisch, legte ihn neben die einsam brennende Kerze und sagte: »Da ist er.«

Mutter nahm die Brille, um einen Blick auf Evelyns bemühte Schönschrift zu werfen. Dann setzte sie die Kaffeetasse so heftig ab, daß ein Spritzer über den Rand schwappte. »Evelyn, ist das dein Ernst?«

An der Spitze aller Wünsche, doppelt unterstrichen und deutlich abgesetzt von Kleinigkeiten wie Skistiefel und Musikkassetten, standen die Worte: Ein Papagei!

»Du meinst ein Stofftier?«

Evelyn schüttelte den Kopf. Der Vogel sollte leben, ungefähr einen halben Meter hoch sein und rosarot aussehen wie ein Flamingo. Um jeden Irrtum auszuschließen, hatte sie ein Bild auf die Rückseite gemalt. Da saß das übergroße Federtier mit ausgebreiteten Schwingen auf der Spitze eines Tannenbaums und krächzte in einer Sprechblase: »Evelyn!«

»Sieht aus wie ein Pleitegeier«, sagte Boris.

Evelyn warf ihrem Bruder einen bösen Blick zu, bevor sie erklärte, daß ihr Papagei auf keinen Fall schon sprechen dürfe. Das wolle sie ihm selber beibringen, auch ein paar Brocken Englisch, dazu eine Geheimsprache, die nur sie und der Vogel verstünden.

Mutter versuchte, das rosarote Tier von der Spitze der

Wunschliste zu verdrängen, indem sie von Teddybären, Barbiepuppen und schlappohrigen Hasen schwärmte, sogar eine Ziehharmonika ins Spiel brachte.

»Wenn du unbedingt etwas Lebendiges haben willst, wünsch dir eine Schildkröte«, schlug Boris vor.

Vater legte die Zeitung aus der Hand und erklärte, zwei Tiere im Haus seien genug. Mit Susi, der weißen Katze, und Amadeus, dem Berner Sennhund, wäre die Familie reichlich ausgestattet, ein Papagei würde nur das harmonische Gleichgewicht stören.

Evelyn blickte trotzig ins flackernde Licht der Adventskerze. Mutter nippte an der Kaffeetasse und erkundigte sich, ob diese Tiere fliegen könnten. Wenn ja, müßte sie ihre Kristallvasen in Sicherheit bringen, die Blumentöpfe von der Fensterbank räumen und zum Fest neue Gardinen aufhängen.

»Die meisten Papageien werden angekettet«, behauptete der große Bruder.

Evelyn protestierte. »Ein Vogel an der Kette ist unmenschlich!« rief sie über den Tisch. »So wurden früher die Galeerensträflinge behandelt.«

Vater brachte die Finanzen ins Spiel. So ein Papagei müsse von Neuguinea oder noch ferneren Gegenden per Schiff herbeigeschafft werden, das koste ein Vermögen und überschreite den Etat des Weihnachtsmannes erheblich.

Evelyn wollte gerade erklären, daß sie dem Weihnachtsmann behilflich sein und ein paar Scheine aus ihrem Sparschwein opfern könnte, als Oma den Raum betrat, einen schönen Advent wünschte, sich auf ihren Platz setzte und fragte, warum das Kind so traurig aussehe. Evelyn schob ihr den Wunschzettel hin. Oma setzte die Brille auf und bewunderte das rosarote Gemälde.

»Wenn das Kind den Vogel haben will, soll es ihn haben«, erklärte sie kategorisch. »Unser Haus ist groß genug, um Hund, Katze, zwei schulpflichtige Kinder, eine alte Frau und einen Papagei zu ertragen.«

Vater und Mutter warfen sich besorgte Blicke zu.

»Man kann sich ja viel wünschen«, bemerkte Mutter. »Jeden Wunsch erfüllt der Weihnachtsmann sowieso nicht.«

Zwei Tage vor dem Fest ging Oma zur Sparkasse, um eine stattliche Summe abzuheben. Sie bat Boris, mit ihr in die Stadt zu kommen, denn allein könne sie unmöglich einen Papagei, den dazugehörigen Käfig und ihren Krückstock tragen.

In der ersten Tierhandlung empfing sie ein Schwarm kleiner Vögel, vorherrschend in den Farben Grün und Gelb, Evelyns Wunschtier sollte aber rosarot und groß sein.

»Also ein Kakadu«, erklärte die Verkäuferin und bedauerte, rosarote Papageien wären gerade nicht im Angebot. Die müßten in Neuguinea gefangen werden und würden per Schiff im neuen Jahr eintreffen.

Der zweite Laden besaß einen rosaroten Vogel, nämlich einen ausgestopften Flamingo, der über der Eingangstür baumelte und immer, wenn jemand den Raum betrat, mit den Flügeln schlug. Boris stellte sich gerade vor, wie eingeborene Jäger durch den neuguineanischen Urwald streiften, um für Evelyn einen rosaroten Kakadu zu fangen, ihn in Ketten zu legen und per Schiff zu versenden, als ein Vogel krächzend Laut gab. Er saß in einer Abseite auf der Stange, war rosarot und natürlich angekettet wie die Galeerensträflinge. Gelangweilt blickte er über die Besucher hinweg, vermutlich nach Neuguinea. Groß war er nicht, aber der Verkäufer erklärte, das Tier sei noch jung und werde wachsen. Außerdem sei diese Vogelart gelehrig, ein Kakadu lerne in kürzester Zeit sprechen, sogar Fremdsprachen seien ihm bald geläufig.

Der Vogel nickte. Von seinem Kopf löste sich ein rosa Flaum und taumelte wie ein Hauch zu Omas Füßen.

»Wie hält man so ein Tier sauber?« wollte sie wissen.

»Evelyn will ihn mit in die Badewanne nehmen«, erklärte Boris.

Der Verkäufer behauptete, Kakadus seien von Natur aus sauber, weder morgens noch abends müßten sie gewaschen werden. Boris erwähnte die Waschmaschine im Keller.

Die Oma zahlte, was die Tierhandlung verlangte. Sie bekam ein Büchlein, in dem die Lebensgewohnheiten der Kakadus beschrieben waren, dazu eine Tüte mit Wegzehrung.

»Für den ersten Hunger«, sagte der Verkäufer. Er erzählte, der Kakadu sei ein Tropenvogel, der die nordische Kälte schlecht vertrage. Scharfer Wind sei ihm zuwider, Schneestürme hasse er wie die Pest, am liebsten sitze er am Ofen.

Sie verpackten den Vogel in einem Pappkarton und flüchteten in den nächsten U-Bahn-Schacht. Auf der Heimfahrt sprachen sie davon, wie Evelyns Kakadu in der guten Stube seine Kreise fliegen, englische Vokabeln rufen und von Neuguinea erzählen werde.

Das letzte Wegstück lief Boris voraus, um Evelyn abzulenken, damit die Oma den Vogel unbemerkt durch die Hintertür ins Haus tragen konnte. Bis zur Bescherung am Heiligen Abend mußte er in ihrer Stube bleiben. Die Oma schloß sich ein und behauptete, Kopfschmerzen zu haben. Als Boris spätabends an ihrer Tür lauschte, hörte er sie mit dem Vogel sprechen. »Evelyn, Evelyn«, flüsterte sie immer wieder.

Endlich begann Weihnachten, das große Fest der Familie. Vater trug den Tannenbaum, der wochenlang im Garten gestanden und auf seinen Auftritt gewartet hatte, ins Haus. Evelyn und Boris durften dabeisein, auch Amadeus, der außer sich war und den Baum ankläffte, während Susi, die für feierliche Ereignisse wie Baum-in-die-Stube-Tragen keinen Nerv besaß, gelangweilt durch den Garten streunte. Die Oma entschuldigte sich mit Kopfschmerzen.

Kaum war der Baum mit seinen stattlichen drei Metern gerichtet und befestigt, erklärte Mutter, die Kinder hätten nun das Zimmer zu verlassen. Auch Amadeus wurde hinausgeworfen; er stand schwanzwedelnd vor der Tür und sah durchs Schlüsselloch zu, wie Mutter dem Baum Festschmuck anlegte.

Nachmittags gingen sie wie immer in die Kirche, nur Oma blieb im Haus. Sie füllte die bunten Teller, legte die Geschenke auf den rechten Platz, beruhigte Hund und Katze, die aufgeregt durch die Zimmer irrten. Im Radio erklangen Weihnachtschöre. Die Winterdämmerung kroch durchs Fenster. Es duftete nach Pfefferkuchen. Wenn die Glocken das Ende des Gottesdienstes verkünden, wird die Oma die Lichter anzünden und die Platte »O du fröhliche« auflegen. So war es immer gewesen, und nichts deutete darauf hin, daß es diesmal anders werden könnte.

»Hast du einen rosaroten Papagei gesehen?« flüsterte Evelyn ihrem Bruder zu, während vorn die Weihnachtsgeschichte gelesen wurde.

»Nur schwarze Krähen«, antwortete Boris mit gefalteten Händen.

»Ich werde ihn Max nennen«, sagte Evelyn. »Wenn Max richtig sprechen kann, wird er uns bei den Schularbeiten helfen, sogar bei den englischen Vokabeln, denn in Neuguinea sprechen die Menschen englisch, und die Vögel natürlich auch.«

Evelyn stellte sich vor, wie der rosarote Vogel auf ihrer Schulter saß und in die Schulhefte schaute.

»Tiere können so etwas«, behauptete sie. »Sie sehen, was Menschen nicht sehen. Bestimmt können sie auch das Einmaleins.«

Während Evelyn mit ihrem Vogel in Gedanken das Einmaleins übte, legte Oma für Vater die Krawatte unter den Baum und für Mutter einen goldenen Ring. Amadeus lag wie ein Bettvorleger an der Tür, blinzelte zu den geschmückten Tannenzweigen, Susi räkelte sich gelangweilt auf der Couch.

Zu guter Letzt kam Max. Oma holte ihn aus ihrem Zimmer, trug das rosarote Tier im Vogelkäfig die Treppe hinunter in die weihnachtlich geschmückte Stube. Der Hund schlug an, Susis Fell sträubte sich, sie machte einen Buckel und sprang auf die Fensterbank. Stumm saß der Vogel in seinem Käfig auf dem Tischchen neben dem Tannenbaum, im Radio sang Mahalia Jackson. Als der Kakadu, vom Gesang beflügelt, laut zu krächzen begann, sprang Susi fauchend auf den Käfig und versuchte, ihre Katzenpfote durch den Draht zu zwängen. Amadeus kam ihr zu Hilfe, indem er seine dicke Pranke aufs Vogelbauer schmetterte. Der Käfig sprang auf. Der Kakadu flatterte ins Freie, hielt sich wie die Artisten im Zirkuszelt am Kronleuchter fest. Die Lampe schwankte, Amadeus heulte, Susi triumphierte auf dem leeren Käfig. Als die Oma die Katze berührte, sprühte das Tier Funken. Mit ihrer Krücke versuchte sie, den Vogel von der

Lampe zu hangeln. Im Gleitflug schwebte der Kakadu zur Fensterbank, verfolgt von Hund und Katze. Zwei Azaleen stürzten in die Tiefe. Als Susi zum Sprung auf die Fensterbank ansetzte, flatterte der Vogel zur Spitze des Tannenbaums, schwebte dort wie Tarzan im Urwald. Die Oma drohte ihm mit der Krücke, und das Tier rief von oben herab: »Dumme Kuh!« Rote Kugeln fielen aus dem Geäst, zerplatzten auf dem Fußboden. Sterne schwebten in die Tiefe, ebenso Wattebäusche. Susi kletterte in den Baum. Der bekam Übergewicht, stürzte mit seiner ganzen Weihnachts- pracht klirrend zu Boden, traf im Fallen den Hund, der laut aufjaulte und zur Tür sprang. Mehrmals um- kreiste der Kakadu die Lampe, dabei das Schlachtfeld aus der Höhe besichtigend. Beim Versuch, durchs Fenster zu entfliehen, stieß er sich so heftig den Kopf, daß er abstürzte und benommen auf dem Boden lie- genblieb. Schützend stellte sich die Oma vor den ge- fallenen Vogel. Mahalia Jackson sang immer noch »Stille Nacht, heilige Nacht«.

Wie kam der Kakadu in den Apfelbaum? Weil die Oma fürchtete, Amadeus könnte den am Boden liegen- den Vogel wie ein apportierender Jagdhund greifen und im Maul durchs Haus tragen, öffnete sie die Terras- sentür, um den Hund in den Garten zu lassen. Der Vogel erwachte aus seiner Ohnmacht und schwebte über Omas Kopf hinweg ins Freie; Hund und Katze hinter- her. Der Kakadu landete im Geäst des Apfelbaums, wo er furchterregend krächzte.

So standen die häuslichen Dinge, als die Familie in weihnachtlicher Hochstimmung die Kirche verließ und der Bescherung zustrebte. Flocken taumelten um die Straßenlaternen, hinter den Fenstern leuchteten Tannenbäume; in der Stadt läuteten immer noch Glocken.

»Ich werde Max Lieder beibringen«, flüsterte Evelyn ihrem Bruder zu. »Er soll auch Gedichte aufsagen.«

Als sie in die Straße einbogen, kam ihnen Amadeus im Schneegestöber entgegen. Er war außer sich, kläffte laut und sprang jeden an. Das Haus empfing sie mit Festbeleuchtung, sogar die Gartenlampe brannte. Die Tür sperrangelweit geöffnet, Susi schmollend auf der obersten Treppenstufe. Als sie die Kirchgänger kommen sah, flüchtete sie in die Ligusterhecke.

Von der Gartenterrasse hörten sie Geräusche, jemand schlug mit dem Krückstock aufs Eisengeländer.

»Ach, der schöne Tannenbaum!« jammerte Mutter, als sie die Stube betrat.

»Es muß ein Erdbeben gegeben haben«, kommentierte Vater die Verwüstung.

Im Garten fanden sie Oma, in der einen Hand die Krücke, in der anderen das Vogelbauer. Ein rosarotes Etwas erhob sich aus den Zweigen des Apfelbaums, umkurvte im Tiefflug den Wäschepfahl und entschwand Richtung Dachrinne.

»Da geht er hin!« rief die Oma und drohte mit der Krücke.

Während Evelyn weinend durch den Schnee stapfte, schleppte Vater die Trittleiter zur Terrasse und leuchtete mit einer Taschenlampe die Dachrinne ab. Aus der Stube hörten sie einen Aufschrei, dann ein lautes Schluchzen. Mutters kostbare Bodenvase, unter Tannenzweigen und Lametta begraben, hatte einen Sprung bekommen.

»Mit einer Schrotflinte hätte ich das Aas vom Baum geschossen«, schimpfte die Oma.

Der Schnee fiel heftiger.

»Nun bekommst du einen weißen Kakadu«, rief Boris seiner Schwester zu.

»Dieses Wetter hält er nicht lange aus«, meinte Vater. »Er wird bald wiederkommen.«

Oma drohte mit der Krücke zum Dachfirst hinauf. Als Antwort ertönte ein heiseres Krächzen, dann schwebte ein mächtiger Schatten auf und davon in die Finsternis, überflog Dächer, umkurvte Lichtmasten, erhob sich zu Schornsteinen und Kirchtürmen.

»Morgen ist er ein Eiszapfen«, jammerte Evelyn.

Sie begannen mit den Aufräumarbeiten. Vater richtete den Tannenbaum her, Mutter holte Besen und Schaufel, um die Trümmer zusammenzukehren. Die Oma saß grummelnd in der Ecke und mümmelte von ihrem bunten Teller. Die ersten Kerzen brannten. Weil keiner Lust hatte, Weihnachtslieder zu singen, schaltete Vater das Radio ein. Immer noch sang Mahalia Jackson. Evelyn blätterte in einem Büchlein, das den Titel trug: »Vom Leben der Kakadus«. Ab und zu trat sie ans Fenster und blickte traurig in die Nacht. Schließlich malte sie ein Pappschild:

> Rosaroter Kakadu entflogen.
> Gegen Belohnung abzugeben bei Evelyn.

Spätabends kehrte Ruhe ein. Vater entkorkte eine Flasche Rotwein. Evelyn zeigte ihr fertiggemaltes Schild, das sie in der Frühe an einen Straßenbaum hängen wollte; in der Endfassung war übrigens von einem rosaweißen Kakadu die Rede.

»Ich glaube, es schneit nicht mehr«, sagte Mutter vor dem Schlafengehen.

Sie traten vor die Tür, blickten in den verschneiten Garten und dachten jeder auf seine Weise an Weih-

nachten, die himmlischen Heerscharen und ein bißchen auch an Max, den rosaroten Kakadu.

»Es wird Frost geben«, sagte Vater.

In diesem Augenblick glitt ein Schatten lautlos durch
die Nacht, setzte sich aufs Terrassengeländer, schüttelte den Schnee aus dem Gefieder, plusterte sich und
rief laut und klagend: »Evelyn! Evelyn!«

Der Fisch

»Morgen soll Weihnachten sein, aber wir haben nichts zu essen. Früher gab es knusprigen Braten, die Stube duftete nach braunen Kuchen, und in den Tannenzweigen hingen Schokoladenkringel. Früher war alles besser.«

Das sagte sie am Heiligen Abend, und der Junge dachte an jenes Früher, das er nicht kannte, von dem die Mutter so gern erzählte, an das er sich aber nicht mehr erinnerte.

»Ich könnte am Bahndamm Schlingen stellen, vielleicht fange ich ein Kaninchen.«

»Ach, die Kaninchen! Bei diesem Wetter bleiben sie in ihren Höhlen und denken nicht daran, zu uns in die Bratpfanne zu kommen.«

»Oder eine Taube«, sagte der Junge. »Unter der Eisenbahnbrücke nisten sie und gurren den ganzen Tag. Wenn ich Steine werfe, werde ich vielleicht eine treffen. Du weißt, ich kann gut werfen.«

»Ja, ein Täubchen im Kochtopf wäre etwas Gutes«, meinte sie und erzählte vom Schlaraffenland, wo gebratene Tauben in offene Mäuler fliegen.

Der Junge stellte Schlingen, aber die Kaninchen blieben in ihren Höhlen. Als er sich der Brücke näherte, rasselte ein Zug vorüber, und die Tauben flogen auf und davon.

»Ich werde zum Weiher gehen, vielleicht fange ich einen Fisch«, sagte er.

»Warte, bis es dunkel ist«, antwortete die Mutter. »Sonst kommt der Besitzer des Teiches mit seinen Hunden.«

Aus Bindfäden knotete er eine Leine, an deren Ende er ein Stück Draht befestigte. Im Straßengraben grub er tief, bis er einen Regenwurm fand, den er auf den Draht spießte.

»Denk an die Hunde«, sagte die Mutter, als er in der Dämmerung aufbrach.

Er kannte den Weiher. Im Sommer hatte er darin gebadet, als das Wasser warm und zur Hälfte mit Seerosen bedeckt gewesen war. Nun sah er düster aus, ringsum stank es nach Moder, das trockene Schilf raschelte. Er setzte sich ans Ufer, warf den Bindfaden mit Draht und Wurm ins Wasser, es platschte laut.

»Du kannst kommen, Fisch!« rief er.

Dem Wasser fehlten die Wellen. Bald wird es frieren, dachte der Junge, die Fische werden auf den Grund fallen und einschlafen.

Fern heulte ein Hund, noch ferner läuteten Glocken den Heiligen Abend ein. Er sah kein Licht, keinen Stern, und doch war es so ungewöhnlich still und feierlich wie an keinem anderen Abend.

»Jetzt fängt Weihnachten an«, sagte der Junge zu dem Fisch, den er fangen wollte.

Er war stolz darauf, daß nur er und niemand sonst in der Heiligen Nacht am Weiher stand, um zu angeln. Die anderen saßen in der Kirche oder sangen Lieder unter geschmückten Tannenbäumen, einige aßen auch braune, knusprige Braten wie früher.

»Fisch«, sagte der Junge, »wenn du nicht an die Angel gehst, werden wir Weihnachten nichts zu essen haben.«

Bald deckte die Dunkelheit den Weiher zu, es wurde

so still, daß er sein Herz schlagen hörte. Ja früher, da gab es Weihnachten Schnee, in der Nacht sangen die himmlischen Heerscharen, Sterne funkelten, und der Mond bekam einen Heiligenschein. Er erinnerte sich einer gebratenen Gans. Kaum hatte er sie verspeist, fiel ein Truthahn auf den gedeckten Tisch, so groß wie ein Steinadler, der von einem steilen Felsen stürzt.

»Ich bin schon zufrieden mit einem kleinen Fisch«, sagte der Junge. »Ungefähr so groß wie eine ausgestreckte Hand oder lieber zwei Hände. Fisch, wenn du nicht bald kommst, friere ich zum Eiszapfen.«

Er wußte nicht, wie die Fische zur Winterzeit im Weiher lebten, wie sie Weihnachten verbrachten. Vielleicht kauerten sie auf dem Grund, träumten von dicken Regenwürmern, oder sie schliefen, oder sie lagen starr im Eis und warteten auf den Frühling.

Vom Wasser her stieg jene Kühle auf, die die Fische erstarren ließ. Sie kroch durch sein Schuhwerk, und als sie sich zu den Knien emportastete, begann er zu springen.

Wenn der Fisch den Lärm hört, kommt er nicht, fiel ihm ein. Also hockte er sich wieder ins nasse Gras, verhielt sich still und wartete.

Es begann zu schneien, vereinzelt taumelten Flocken ins Schilf. Wenn sie das Wasser erreichten, lösten sie sich auf, als wären sie nie dagewesen.

»Fisch, komm raus! Du sollst sehen, wie der Schnee fällt.«

Wenn er die Flocken sieht, wird er aus dem Wasser springen und danach schnappen, dachte der Junge. Dann wollte er ihm gut zureden, ihm den Regenwurm zeigen, ihn mit den Händen greifen und nach Hause tragen.

Eine Stunde saß er am Weiher und fror. Wenn ich mit

leeren Händen komme, wird sie wieder traurig sein, dachte er. Es wird kein Weihnachtsessen geben, sie wird von früheren Zeiten reden, von kroß gebratenen Gänsen und Steinadlern, die von Felsen stürzen.

»Laß mich nicht im Stich!« rief der Junge über den Teich.

Da war es ihm, als sei Leben in dem Bindfaden. Er bewegte sich, es raschelte im Gras, und als der Junge zugriff, spannte sich das Band. Es plätscherte heftig, die stille Wasserfläche zerbrach, und als das Ende der Schnur aus der Tiefe auftauchte, lag ein Fisch vor seinen Füßen, groß wie ein Männerarm. Mit einem Ruck beförderte er ihn ins Gras. Dann warf er sich über ihn. Ruhig lag der Fisch in seinen Armen, er blickte den Jungen an, seine Schuppen leuchteten wie Silber. Er zappelte nicht, er hielt das Maul weit geöffnet, seine Kiemen zuckten, und durch die Flossen lief ein leichtes Zittern.

»Du bist ein schöner Fisch«, sagte der Junge, legte seinen Arm neben ihn ins Gras, um ihn zu messen. Er wog ihn in den Händen und fand, er sei schwer wie ein Ziegelstein. Von so einem Fisch könnten zwei satt werden, und es bliebe noch etwas übrig für den nächsten Tag.

»Bist du ein Karpfen?« fragte der Junge, während er behutsam den Haken aus dem Fischmaul entfernte. Ein Tropfen Blut fiel ins Gras, der Fisch hielt still und zuckte nicht.

»Der Wurm hat dir wohl geschmeckt, Fisch. Du dachtest, das wäre ein Weihnachtsbraten, nun bist du mein Weihnachtsbraten.«

Der Fisch blieb stumm. Sicher fror er in der kalten Luft. Der Junge zog seinen Pullover aus, wickelte den Fisch hinein, knotete die Ärmel zusammen und warf das Bündel auf den Rücken.

20

»Warte nur, bald kommst du in die Stube. Ich werde dir eine Schüssel mit warmem Wasser geben. Du sollst es gut haben.«

In froher Stimmung eilte er nach Hause, freute sich über die dichter fallenden Flocken, blieb an erleuchteten Fenstern stehen, um zu hören, wie sie Weihnachtslieder sangen.

»Welch ein schöner Weihnachtsbraten!« rief die Mutter, als er den Fisch auswickelte und auf den Küchentisch platschen ließ. Der Fisch lag wie tot, hielt das Maul weit geöffnet, die kalten Augen starrten zu der Glühbirne, die über dem Tisch baumelte.

»So einen herrlichen Fisch hab' ich mein Lebtag nicht gesehen«, sagte sie und faltete die Hände vor dem Leib.

Der Junge holte die Waschschüssel, gab erst Wasser und dann den Fisch hinein. Er sah zu, wie er ein paar Runden drehte, bevor er am Rand der Schüssel liegenblieb und ihn anblickte.

»Du hast den Regenwurm gehabt, und ich hab' dich«, sagte er.

»Wenn ich ihn morgen auf den Tisch bringe, werden wir Kerzen anzünden«, erklärte die Mutter. »Was meinst du, soll ich ihn kochen oder braten?«

Der Junge rührte mit den Händen das Wasser und schaute dem Fisch zu. Ab und zu packte er ihn, hob ihn hoch, um ihn wieder ins Wasser gleiten zu lassen. Wie elegant er seine Kreise zog, den Körper dem Oval der Schüssel anpaßte, sanft mit den Flossen schlug, ohne daß ein Spritzer auf den Tisch gelangte.

»Du bist ein guter Fisch«, sagte der Junge. »Ich habe dich gerufen, und du bist aus dem Wasser gekommen. Du hast an meinen Haken gebissen, als ich schon nicht mehr glaubte, daß wir einen Weihnachtsbraten bekommen werden.«

Der Fisch hob den Kopf und brubbelte Blasen ins Wasser.

»Ich kann ihn nicht töten«, sagte der Junge, »er ist ein guter Fisch.«

»Wenn es so ist, werden wir Pellkartoffeln mit Salz zum Fest essen«, rief die Mutter.

»Wenigstens diese eine Nacht soll er in der Schüssel schwimmen«, antwortete der Junge. »Morgen bringe ich ihn zurück zum Weiher.«

»Es wird deinem Fisch nicht viel helfen«, meinte sie. »Bald wird der Besitzer des Teiches sein Netz durchs Wasser ziehen und ihn wieder einfangen. Er wird ihn auf der Stelle totschlagen und braten, vielleicht zum Neujahrsfest. Oder er gibt ihn für Geld in den Fischladen, damit einer kommt und ihn kauft. So ist das nun mal mit Fischen.«

»Ich werde ihn in der Waschschüssel lassen, bis der Teich abgefischt ist«, sagte der Junge. »Danach werde ich ihn aussetzen.«

»In der Schüssel wird er sterben, sie ist ihm zu eng. Fische brauchen große Gewässer.«

Sie ließen den Fisch über Nacht in der Schüssel. Es war die Heilige Nacht, und der Junge dachte, daß er noch nie so reichlich beschenkt worden war wie mit diesem Fisch. Ab und zu hörte er ihn plätschern. Er träumte von einem großen Haus mit vielen Gästen und von jenem Früher, über das die Mutter so gern sprach. Am Eingang des Hauses sah er ein Bassin mit grünlich schimmerndem Wasser und in dem Wasser unzählige Fische, die so unbeschwert umherschwammen, als wüßten sie nichts von Kochtöpfen und Bratpfannen. Ab und zu traten Gäste an den Rand des Bassins, um mit ausgestrecktem Finger zu bestimmen, welchen Fisch sie zu Abend verspeisen wollten.

»So ist das nun mal mit Fischen«, sagte die Mutter im Traum.

»Aber dies ist ein guter Fisch«, antwortete der Junge. Er dachte daran, ihn in einen entfernten See zu bringen, wo niemand angelte oder Netze auswarf. Vielleicht sollte er ihn zum Meer zu tragen.

»Auch im Meer werden sie ihn fangen«, hörte er Mutters Stimme. »Es gibt kein Wasser, in dem nicht Fische gefangen werden. Die Fischdampfer durchpflügen die Ozeane mit mächtigen Netzen. Wenn nicht sie ihn fangen, wird dein Fisch von einem größeren Fisch gefressen werden, vielleicht von einem Hai. So ist das nun mal mit Fischen, sie leben, um gefressen zu werden.«

Als er aufwachte, hörte er die Mutter in der Küche rumoren. Sie hantierte mit Kochtöpfen, Geschirr klapperte, ein Wasserkessel begann zu pfeifen. Er blieb noch eine Weile im Bett, um an Weihnachten zu denken. Dann fiel ihm der Fisch ein. Er sprang auf und rannte in die Küche. Die Schüssel stand noch auf dem Küchentisch, sie war zur Hälfte mit Wasser gefüllt, aber er sah den Fisch nicht mehr.

Die Mutter stand am Herd, rührte in einer weißen Suppe, unter einem klappernden Kochtopfdeckel entwich Dampf.

»Es gibt Pellkartoffeln«, sagte sie.

Er wagte nicht, nach dem Fisch zu fragen. Sie wird ihn zum Weiher getragen haben, dachte er.

»Wenn du deinen Fisch suchst, der schwimmt im Meer«, erzählte sie und rührte vor sich hin.

Der Junge starrte in die Schüssel. Auf ihrem Grund entdeckte er kleine Plättchen aus Silber, die er herausfischte und gegen das Licht hielt.

Es sind Perlen, dachte er. Ich werde sie auf eine

Schnur ziehen und die Kette Mutter zu Weihnachten schenken.

Sie trug dampfende Pellkartoffeln auf, dazu eine Terrine, randvoll gefüllt mit Suppe. Sie roch gut. Sie warf Blasen, weil sie heiß war. Als der Junge mit dem Löffel in der Suppe rührte, entdeckte er wieder kleine silberne Perlen.

»Nun ist Weihnachten«, sagte die Mutter. »Und wir haben weiter nichts als diese Suppe.«

Christus kam nicht
nach Duderstadt

Es begab sich aber zu der Zeit, daß ein Gebot von dem Kaiser Augustus ausging, daß alle Welt geschätzet würde ... ein jeglicher in seiner Stadt. Da machte sich auf auch Joseph, daß er sich schätzen ließe mit Maria, seinem vertrauten Weibe. Als sie die Grenze vor Duderstadt erreichten, flog vor ihnen eine Mine in die Luft.

»Nicht schießen! Nicht schießen!« rief Maria und warf sich auf den feuchten Waldboden. Joseph deckte seinen Mantel über die zitternde Frau.

»Sie können uns nichts tun«, flüsterte er.

Weit voraus stieg eine Signalrakete in den trüben Himmel, leuchtete die finstere Erde aus, verweilte wie ein an unsichtbaren Himmelsfäden aufgehängter Lampion über den Wäldern, um schließlich behutsam in die Dunkelheit einzutauchen.

»Sieh mal den schönen Stern«, sagte sie.

Es waren Hirten in derselben Gegend auf dem Felde bei den Hürden, die hüteten des Nachts ihre Herde. Plötzlich schossen sie in die Finsternis und ließen die Hunde von der Kette. Die Tiere stürzten kläffend aus der Tannenschonung, umstellten die beiden Menschen.

»Stehenbleiben!«

Der Lichtstrahl einer Taschenlampe irrte durchs Unterholz, heftete sich an Marias Mantel, wanderte die Knopfreihe hinauf, bis er das Gesicht der Frau traf.

»Es tut weh«, sagte sie.

Hinter dem Licht zwei Gestalten, blanke Uniformen, eine Maschinenpistole.

Es werden Engel sein, dachte sie.

»Hab keine Angst, sie können uns nichts tun«, flüsterte Joseph.

Der Engel mit der Taschenlampe rief die Hunde zurück.

»Wo wollt ihr hin?« fragte der andere.

»Nach Duderstadt«, antwortete Joseph. »Es soll ein Gebot von Kaiser Augustus ausgegangen sein. Jeder Mensch hat heimzukehren in die Stadt seiner Geburt. Und wir sind aus Duderstadt.«

Der Lichtstrahl wanderte weiter und traf Josephs Gesicht.

»Der spinnt wohl«, meinte der Engel mit der Maschinenpistole.

»Eine Stimme hat uns befohlen, nach Duderstadt zu gehen«, sprach Maria.

»So, so, Stimmen habt ihr gehört.«

Der Engel mit der Taschenlampe lachte. »Das ist ja ein ganz neuer Trick. Solche Vögel haben wir noch nie an der Grenze gehabt.«

»Bei uns gibt es keine Stimmen«, erklärte der Engel mit der Maschinenpistole. »Und einen Kaiser haben wir schon lange nicht mehr. Wir brauchen keinen, bei uns regiert das Volk.«

»Ja, das Volk!« rief Joseph feierlich. »Das Volk, das im Finstern wandelt, siehet ein großes Licht!«

»Ohne Passierschein kommt hier keiner durch, und nach Duderstadt schon gar nicht.«

Der Engel mit der Maschinenpistole befahl ihnen aufzustehen. Sie seien verhaftet, erklärte er. Sie hätten die Grenze verletzt. So etwas sei verboten.

»Aber wir haben eurer Grenze nichts getan«, sagte

Maria. »Grenzen sind doch nur von Menschen erdachte Linien. Wie kann man sie verletzen?«

»Es hat keinen Zweck«, sprach der Engel mit der Taschenlampe. »Ihr seid nicht ganz richtig im Kopf.«

Er nahm die Hunde und ging voraus, der Engel mit der Maschinenpistole folgte ihm. In der Mitte gingen Maria und Joseph, und auf einmal erkannten sie, daß es Soldaten waren.

»Hab keine Angst, sie können uns nichts tun«, sprach Joseph und ergriff ihre Hand.

Nach einer Viertelstunde Fußmarsch erreichten sie die überheizte Baracke. Im Hintergrund klapperte überlaut eine einsame Schreibmaschine. Zwischen Papierkorb und Aktenschrank stand eine lamettageschmückte Fichte, klein, aber nicht zu übersehen in dem einfachen, nüchternen Raum mit dem grellen Neonlicht.

»Ist heute Weihnachten?« fragte Joseph den Uniformierten, der hinter der Schreibmaschine saß.

»Na, ihr seid komische Vögel«, sagte der Wachhabende. »Wißt ihr wirklich nicht, daß heute der vierundzwanzigste Dezember ist?«

Er kurbelte den Papierbogen aus der Schreibmaschine, heftete ihn sorgfältig ab, verwahrte die Akte. Dann stand er auf und umkreiste neugierig das Paar, das die Soldaten von der Grenze mitgebracht hatten.

»Mit denen dürfen Sie nicht viel reden«, bemerkte der Soldat mit der Maschinenpistole. »Wenn Sie unsere Meinung wissen wollen, die beiden sind verrückt, komplett durchgedreht. Sie halten sich für Maria und Joseph, hören Stimmen und faseln von einem Kaiser Augustus, der ihnen befohlen habe, nach Duderstadt zu gehen.«

»Mensch, die Frau ist ja schwanger!« rief der Wachhabende.

Er eilte in den Nebenraum, kam mit einem Stuhl wieder und stellte ihn hinter Maria.

»Du sollst dich setzen«, flüsterte Joseph. Er drückte Maria sanft auf den Stuhl.

Es tat ihr wohl zu sitzen. Sie spürte, wie ein Zittern durch ihren Körper lief, wie sich die Verkrampfung löste.

Der Wachhabende telefonierte.

»Wenn ihr die beiden Grenzverletzer abholt, bringt einen Arzt mit. Die Frau ist nämlich hochschwanger. Ich will nicht, daß die bei mir in der Schreibstube ein Kind bekommt. Das wäre 'ne schöne Bescherung.«

Nach dem Telefongespräch setzte er sich wieder an die Schreibmaschine, begann mit zwei Fingern ein Protokoll zu tippen.

»Wo der Engel nur bleibt?« fragte Maria ängstlich.

»Er wird kommen, wie es die Stimme gesagt hat«, antwortete Joseph.

Hinter der Barackenwand rumorte der Wind in den Bäumen. Er drückte Zweige gegen die Fensterscheiben. Irgendwo knatterte ein Fahnentuch.

»Hörst du die Stimmen der himmlischen Heerscharen?«

»Ja, ich höre sie wohl. Es wird alles gut werden. Nicht weinen, nur nicht weinen, Maria.«

Sie weinte doch, weil es wie ein Krampf durch ihren Körper lief und den Unterleib zusammenpreßte.

»Möchten Sie etwas essen?« fragte der Wachhabende.

»Nein, danke.«

»Aber vielleicht trinken?«

»Ja, trinken wäre gut.«

Der Soldat mit der Maschinenpistole holte Mineralwasser aus dem Nebenraum, stellte das Glas vor Maria hin und sah zu, wie sie trank.

Es ging auf Mitternacht zu, als das Auto aus der Stadt kam.

»Es hat länger gedauert als sonst, weil wir den Doktor holen mußten«, sagte der Fahrer zu dem Wachhabenden.

Der Doktor war ein älterer Mann, der seinen Mantel über die Stuhllehne hängte, zu dem Wachhabenden ging und sagte: »Nicht mal in der Weihnachtszeit gebt ihr Ruhe.«

»Bevor wir sie abfahren, solltest du die Frau untersuchen, Doktor«, schlug der Wachhabende vor. »Mir scheint, sie ist hochschwanger.«

Jetzt erst sah der Arzt das Paar im Hintergrund. Er ging zu Maria, blieb vor ihr stehen.

»Würden Sie bitte aufstehen«, bat er.

Joseph zog sie vom Stuhl.

»Gehen wir nach nebenan«, sagte der Arzt. Er nahm sie beide mit in den Nebenraum und schloß die Tür hinter sich.

»Vielleicht sollten wir sie gleich ins Krankenhaus bringen«, meinte der Wachhabende, als der Arzt nach kurzer Zeit wieder erschien.

»Dafür ist es zu spät. In zehn Minuten ist das Kind da.«

»Mensch, Doktor, so was haben wir noch nie in der Schreibstube gemacht! Da verstehen wir nichts von.«

»Ich brauche Decken, Wasser, am besten eine ganze Wanne voll. Und Handtücher, soviel Sie auftreiben können. Gibt es keine Pritsche, auf die wir die Frau legen können?«

Die Soldaten trugen alles zusammen.

»Das Wasser muß warm sein!« schrie der Doktor.

Er saß neben Maria und hielt ihre Hand. In den immer kürzer werdenden Pausen zwischen den Wehen sprachen sie miteinander.

»Ist es wahr, daß wir nicht nach Duderstadt dürfen?«

»Warum wollen Sie nach Duderstadt?«

»Eine Stimme hat uns befohlen, nach Duderstadt zu gehen. Wissen Sie, es ist unsere Stadt, wir sind beide dort geboren.«

»Liebe Frau«, sagte der Doktor. »Wer kommt heutzutage noch in seine Stadt? Nehmen Sie mich zum Beispiel. Meine Stadt ist Königsberg, eine unerreichbare Stadt. Nie wieder werde ich sie sehen, man kennt nicht einmal ihren Namen. Städte verschwinden vom Erdboden, tauchen unter im Bombenhagel der Kriege, umgeben sich mit Stacheldraht und Minenfeldern, ändern ihre Namen, sind nicht wiederzuerkennen, wenn wir nach einem langen Leben zu ihnen zurückkehren wollen.«

In der Wachstube begann ein Radio zu spielen. Dazwischen schrillte das Telefon. Stimmen kamen und gingen.

»Wir haben heute ganz was Neues! Uns wird ein Christkind geboren.« Das war die Stimme des Wachhabenden.

»In hundert Jahren wird in den Geschichtsbüchern stehen, daß ein russischer Philosoph namens Kant in Kaliningrad geboren wurde und dort gelebt hat«, sagte der Doktor. »Und niemand wird sich darüber wundern.«

Draußen Gewehrfeuer. Maria zuckte zusammen.

»Nicht schießen, bitte nicht schießen!« flehte sie.

Wieder kläfften Hunde, weit entfernt in den Wäldern mit der von Menschen erdachten Grenze, die Stunde um Stunde verletzt wurde, so daß sie blutete, unsagbar blutete.

Eine Viertelstunde nach Mitternacht kam das Kind auf die Welt. Es war tot.

»Das kommt von eurem Rumgeknalle«, sagte der Doktor zu dem Wachhabenden. »Die Frau hat sich erschreckt und das Kind verloren.«

»Wir tun nur unsere Pflicht, Doktor.«

»Ich weiß, ich weiß«, winkte der Arzt ab, »mit Pflichterfüllung haben wir die größten Blutbäder der Weltgeschichte angerichtet.«

Er ging zurück zu der Frau, strich über das lange Haar, wischte mit einem Handtuch den Schweiß von ihrer Stirn.

»Sie sind noch jung, Sie können noch viele Kinder haben.«

Maria schüttelte den Kopf. »Dieses Kind war Christus!«

Joseph stürzte plötzlich zu der klappernden Schreibmaschine und schrie: »Haben Sie gehört, Christus ist tot!«

»Mann, nimm dich zusammen«, sagte der Wachhabende.

Joseph rannte an ihm vorbei, riß die Barackentür auf.

»Christus ist tot! Sie haben Christus umgebracht!« schrie er in die Nacht hinaus.

»Die sind wirklich durchgedreht«, fluchte der Wachhabende. »Geben Sie dem Mann eine Spritze, Doktor, damit er sich beruhigt.«

»Ich weiß nicht, ob Spritzen helfen können.«

Der Doktor saß unbeweglich neben der weinenden Frau, dachte an Königsberg, das seine Stadt war, und an Bethlehem und an die Weihnachtsgeschichte, denn es war gerade die Heilige Nacht, eine furchtbar traurige Heilige Nacht mit einem totgeborenen Kind.

»Wenn es heute Christi Geburt gäbe, wie weit würde er wohl kommen, dieser Christus?« sagte er plötzlich.

Der Wachhabende stand auf und schüttelte den Kopf über den alten Mann.

»Nicht einmal bis Duderstadt käme er. Lange vor Bethlehem wäre Maria unter einen Panzer geraten. Sie hätten Jesus im Libanon erschlagen, er wäre im kambodschanischen Regenwald verhungert, in den afghanischen Bergen ans Kreuz geschlagen worden, er wäre an der Mauer in Berlin verblutet, in den elektrisch geladenen Grenzzäunen dieser schönsten aller Welten hängengeblieben. Bomben hätten ihn in den schmutzigen Straßen Londonderrys zerrissen, Napalm hätte ihn tausendfach verbrannt. Im afrikanischen Busch wäre der Mutter Gottes der Bauch aufgeschlitzt worden, Maria und Joseph wären zwischen die Fronten vor Abadan geraten, ermordet in den Dschungeln Mittelamerikas. Oder das Kind wäre in der Sahelzone umgekommen, vertrocknet unter der sengenden afrikanischen Sonne.«

»Mensch, Doktor, was führst du für Reden?« sagte der Wachhabende.

»Wenn man so alt ist wie ich, darf man das. Ich habe zuviel gesehen. Ich habe gesehen, wie sie die Engel vom Himmel geschossen haben. Dort oben gibt es kein Hosianna mehr, nur noch den Lärm der Düsenjäger. Die Welt hat keinen Platz mehr für Bethlehem, nur noch für Golgatha. Und für psychiatrische Anstalten. Wissen Sie, wo Maria und Joseph heute hinkämen? In ein Irrenhaus. Menschen, die Stimmen hören und hellen Sternen folgen. Was soll man mit ihnen anderes anfangen?«

»Ist gut, Doktor. Wir bringen sie beide ins Krankenhaus. Dort wird man weitersehen.«

Soldaten brachten eine Trage. Der Doktor wickelte die Frau in Decken, begleitete sie zur Tür. Als sie die Dunkelheit erreichten, richtete Maria sich auf und suchte Josephs Hand.

»Hast du die Stimme des Engels gehört?« sprach sie leise. »Fürchtet euch! hat der Engel gerufen. Nie wieder verkündige ich euch große Freude, denn ihr habt heute den Heiland verloren!«

Es begab sich aber zu der Zeit ... Das war eintausendneunhundertachtundsiebzig Jahre nach Christi Geburt.

Nein, es begab sich nichts mehr. Die Himmel glichen ausgebrannten Fabrikhallen. Und Engel? Ach, sie sind längst auf dem Wege zu anderen Planeten.

Die masurischen Könige

»Es hat sich ergeben ein gewisser Mangel an Königen«, sprach Pfarrer Naujokat aus Gronowen drei Tage vor dem Fest. »Weil du Balthasar heißt, erscheint es mir angebracht, daß du einen König spielst, damit die Geburt des Herrn in gehöriger Ordnung mit allen Personen, wie in der Schrift vorgesehen, geschehen kann.«

Balthasar erschrak.

»Du weißt, Naujokat, ich bin man bloß masurischer Fischer und hab' mein Lebtag noch keinen König gesehen.«

»Es ist kein großer Umstand nich«, beruhigte ihn Naujokat. »Du hast nuscht zu sagen, beugst nur die Knie vor dem Kindchen und legst ihm Geschenke zu Füßen.«

Balthasar bat, wenn es schon sein müßte, den Hirten zugeteilt zu werden, von denen er wußte, daß sie faul am Lagerfeuer herumlagen, ihre Hunde streichelten und Pfeife um Pfeife rauchten.

»In dieser Abteilung herrscht kein Mangel«, erklärte der Pfarrer. »Was fehlt, sind Könige. Du wirst zugeben, daß wir die Geburt nicht mit lumpigen zwei Königen bestreiten können, wenigstens die Zahl muß stimmen, wie es in der Schrift steht.«

Balthasar kratzte seinen Kopf und fing an, sich zu besinnen. Weit und breit wußte jeder, daß die weihnachtliche Geburt nirgends so feierlich vollzogen wurde wie in der Gronower Dorfkirche. Das Fest hatte eine so ausgreifende Berühmtheit, daß sogar Reisende aus dem Reich und der Hauptstadt kamen, um dem Ereignis beizuwohnen und Kindern und Enkelkindern ein Leben lang davon zu erzählen. An einer solchen Aufführung mitzuwirken hatte seine Bedeutung, und das noch als einer der Könige, die gleich nach der heiligen Familie als die wichtigsten Personen des Stücks galten, weit erhoben über Hirten, Hosianna-Sängern und Posaunenengeln.

»Wenn du meinst, Naujokat, werd' ich den König spielen«, entschied Balthasar nach gehöriger Bedenkzeit und machte sich auf den Weg zu seiner Hütte am Muckersee.

Dort angekommen, schwieg er lange, zog erst die Stiefel aus, rauchte eine Pfeife, stärkte sich mit Klopsen und Rübenmus, räusperte sich und begann so: »Es hat sich ergeben ein Mangel an Königen. Ich und der Naujokat haben beschlossen, dem Mangel dadurch abzuhelfen, daß ich den Balthasar spiele.«

Na, wie sie ihn mit Kulleraugen anstarrten. Die Kinder konnten nicht genug kriegen vor lauter Bewunderung, und der Frau fiel gleich ein, daß ein König auch eine Königin brauche, wofür sie sich gern hergeben wollte. Sie sprach von königlichen Gewändern und Dienern, die einem König und erst recht der Königin zustehen.

»Wir werden dich so ausstaffieren, Balthasar, wie es sich für einen König schickt!« rief sie. »Den Kindern werde ich die Haare scheren und den Hals waschen, damit sie gut aussehen.«

»Da wird nichts draus«, sprach Balthasar. »Es könnte mich verwirren und den heiligen Akt stören, wenn ihr in der Kirchenbank sitzt und zuseht, wie ich den König spiele. Also haben ich und der Naujokat beschlossen, daß ihr zu Hause bleibt und ich euch nachher erzählen werde, wie es dem König Balthasar bei der Geburt des Herrn ergangen ist.«

Nun brach Trauer aus. Die Kinder bettelten, ob sie dem Aufzug der Könige nicht wenigstens von draußen, versteckt hinter Kadikbüschen, zusehen durften. Die Frau schmollte, weil ihr Hofstaat und Gewänder verweigert wurden. Doch Balthasar ließ sich nicht beirren, er hielt sich an die Schrift, die über Königskinder und Königsweiber kein Wort verlor und nur drei Könige zum Auftritt zuließ.

An den folgenden Tagen las er sie gründlich, um zu erfahren, in welcher Kleidung die Könige aus dem Morgenland aufgetreten waren, ob sie als Fuhrwerk eine Kutsche oder einen Schlitten genommen und wo sie Herberge gefunden hatten. Er schloß sich im Holzschuppen ein, bastelte aus biegsamem Weidenholz eine Krone, die er gelb bepinselte. Einen Forkenstiel verwandelte er in einen Königsstab, fand auch einen Ring, so groß wie ein Hühnerei, den er vergoldete, um ihn der Maria zu schenken. Denn der kleine Gnubbel bekam sowieso genug und hatte nuscht von einem Ring, aber die Maria, was die Kuhmagd des Bauern Krems war, könnte ihn gut am Ohr tragen. Von seinem Nachbarn, der als Weihnachtsmann ging, lieh er sich den roten Mantel aus, wohl ein passendes Kleidungsstück für einen König. Sorge bereiteten ihm die Worte. Obwohl der Naujokat versprochen hatte, er dürfe stumm bleiben, quälte ihn der Gedanke, in welcher Redensart sich die Herren aus dem Morgenland unterhalten hatten. Es läuft bei solchen Stücken vieles durcheinander, so daß am Ende doch ein Königswort verlangt werden könnte. Wie also sollte er reden? Groß war die Auswahl nicht, und so beschloß er, wenn es sein mußte, sich masurisch zu verbreiten, weil diese Sprache mild klingt und in ihr auch das Fluchen zu ertragen ist.

Der weihnachtliche Morgen erhob sich aus den masurischen Wäldern. Über Gronowen ging die Sonne auf und beleuchtete den Balthasar, wie er vor seinem Holzschuppen stand, Krone und roten Mantel in einem Kartoffelsack verwahrte und den der Maria zugedachten Ring in die Manteltasche steckte. Schon konnte man denken, daß die Hirten ihre Herden auf Bethlehem zutrieben, die Engel ihre Posaunen stimmten und die Könige, die den weitesten Weg hatten, die Peitschen knallen ließen, um rechtzeitig einzutreffen. Mit anderen Worten: Es wurde Zeit. Nachdem er die Tiere beschickt hatte, machte Balthasar sich auf den Weg, den Kartoffelsack auf dem Rücken, den Königsstab in der Hand, um damit wütende Hunde in die Flucht zu schlagen, begleitet von den traurigen Blicken seiner Königin und den Kindern, die bis zum Kreuzweg mitkommen durften, dann aber auf königlichen Befehl umkehren mußten. Es kränkte ihn ein wenig, daß keiner, der ihm begegnete, den König wahrnahm. Sie sahen in ihm den Fischer vom Muckersee und grüßten ohne viel Ehrerbietung mit nachlässiger Handbewegung. Das änderte sich, als er den Krug erreichte und ihm in den Sinn kam, seine nassen Stiefel zu trocknen und die klammen Glieder aufzuwärmen. Auch wollte er sich ein wenig stärken, denn eine gute Mahlzeit war in dem Stück nicht vorgesehen, jedenfalls fand sich in der Schrift kein Wort darüber, daß Maria und Joseph den Hirten, Königen und himmlischen Heerscharen ein paar Schöpflöffel Klunkermus vorgesetzt hätten. Nach dem zweiten Pillkaller löste sich die Zunge, so daß er dem Krugwirt anvertrauen konnte, er werde den König Balthasar spielen.

»Alle Achtung!« rief der Wirt, besann sich aber und verfiel in ernstes Kopfschütteln. »Soviel ich weiß, war dieser Balthasar ein Mohr, aber du siehst blaß aus wie frisch gefallener Schnee.«

Es durchfuhr Balthasar wie glühendes Eisen. Mit soviel Sorgfalt hatte er seinen Auftritt vorbereitet, aber die schwarze Farbe war ihm entgangen.

»Es ist nicht zu spät!« rief der Wirt, holte ein Eimerchen Schuhwichse aus der Kammer und begann, Gesicht und Hände des Balthasar in majestätisches Schwarz einzufärben. Nachdem das geschehen war, half er dem König in den roten Mantel, und siehe da, kaum hatte Balthasar den Krug verlassen, zogen die Leute den Hut, verneigten sich ehrerbietig, und die Kinder rannten ihm nach, um dem königlichen Einzug beizuwohnen.

Soweit verlief alles in der Ordnung, die die Schrift vorgegeben hatte. Aus den Wäldern und umliegenden Dörfern strömten die Masuren herbei, um die Geburt zu besehen. Sie waren in guter Stimmung, die Erwartungen wuchsen an jeder Wegbiegung, die Herzen schlugen bis zum Hals, im Hohlweg fingen sie schon an zu singen und kamen gerade an, als Joseph die widerstrebende Kuhmagd des Bauern Krems, die sich den ausgestopften Leib hielt und auf die Wehen wartete, ins Gotteshaus zerrte. Forsch trat der böse Wirt den beiden entgegen, schwenkte eine Stallaterne und rief: »Geht man weiter, hier ist keiner nich zu Hause!«

Das erschien der Gemeinde doch ein wenig unverfroren, obwohl es mit der Schrift übereinstimmte.

»Du sollst dich was schämen, Balzereit!« rief einer von der letzten Bank.

»Ach, lieber Wirt«, fing nun der Joseph an ganz dammlich zu jammern. »Die Frau kriegt was Kleines, und wir wissen nicht, wo wir den Lorbaß hinlegen sollen.«

Dem Balzereit, er war genau besehen der Schmandschmecker von Gronowen und Umgebung, fing die Sache an, peinlich zu werden, denn vom Herzen her war er ein guter Mensch, nur die Rolle zwang ihn zu sagen: »Das fehlt noch, daß ihr in meinem Haus ein Kind macht!«

Ein Blecheimer, für diesen Fall unter das Kirchendach gehängt, stürzte auf ein verabredetes Zeichen mit ziemlichem Gepolter zu Boden, eine deutliche Warnung an Balzereit und alle bösen Menschen. Darauf erhob sich der Waldarbeiter Kalbus, schwang einen Knüppel, dick wie ein Männerarm, und machte Anstalten, dem Balzereit das Fell zu gerben. Dreimal rannte er mit ihm ums Taufbecken, was die Gemeinde mit Freudenrufen begleitete. Der böse Wirt trug ein überlanges Nachthemd, und alle erwarteten, daß er sich darin verheddern und vor dem Altar zum Liegen kommen würde. Als Balzereit in die Sakristei flüchtete und der Knüppel ihm folgen wollte, trat Naujokat mit ausgebreiteten Armen dem Unglück entgegen. Kalbus ließ den Knüppel sinken, verzog sich auf seine Bank, senkte den Kopf und verharrte in bosigem Schweigen.

Es stand nun auf die Frau Grigoleit vom Abbau, trat mit gefalteten Händen vor das heilige Paar und sprach also: »Es soll nicht heißen, daß wir Gronower ein hartes Herz haben. Darum will ich euch Herberge geben in unserem Kälberstall, der warm ist und leidlich reinlich.«

Sie führte das Paar um den Altar und wies ihm einen Platz zu auf dem roten Teppich, der sonst nur vom Pfarrer betreten werden durfte, wenn er segnete. Obwohl es nicht ganz passend war, daß die Grigoleitsche den Altar in ihren Kälberstall verwandelte, gefiel der Gemeinde dieser Ausgang. Als die Frau nach getaner Arbeit zu ihrem Platz zurückkehrte, wurde sie von Herzen umarmt.

»Wenn ihr Wasser braucht für den Kleinen, die Hofpumpe gibt genug her!« rief sie, bevor sie sich erschöpft niederließ.

Soweit war alles gut verlaufen. Damit die Gemüter sich beruhigen konnten, war in dem Stück eine kleine Pause vorgesehen, in der weiter nichts geschah, als daß Maria sich den Bauch hielt und Joseph besorgt seinen Priem kaute. Für eine Weile ging das Licht aus. Die Dunkelheit nahm der Bengel wahr, um ans Licht der Welt zu kriechen. Jedenfalls sah jeder, als die Kerzen wieder leuchteten, daß in der Kartoffelkiepe zu Marias Füßen ein kleines Bündel lag. Die Geburt wurde auch gleich bestätigt. Es erhob sich nämlich ein gewaltiger Sturm, angefacht vom Balgentreter Muskat. Der Wind fegte die Frau des Kantors Glums, die sich als Engel verkleidet hatte, auf die Empore. Eine schrille Stimme verkündete über die Köpfe hinweg: »Das Kind ist geboren!«

Na, das war eine Freude. Alle hoben die Köpfe und sahen die Glumssche mit ausgebreiteten Flochten auf der Empore stehen, einem Racheengel gleich, dem die Blitze aus den Haarspitzen fuhren. Erleichterung breitete sich aus, einige stürmten nach vorn, um das Kind zu besehen, das auf ausgelegtem Haferstroh vor sich hin druselte. Die Grigoleitsche bequemte sich, selbst zu ihrer Hofpumpe zu gehen und dem Paar einen Eimer voll Wasser zu holen. Die Sänger der Liedertafel »Frohsinn« drängten nun vor, um dem Kind ein Ständchen zu bringen. Erst besangen sie einen hohen Berg, auf dem ein ewiges Feuer brannte, dann stimmten sie zur Überleitung auf das, was kommen sollte, Schäfers Sonntagslied an.

In der Sakristei brach Unruhe aus. Hunde bellten, Schafe blökten, und der Racheengel ließ sich von der Empore wie folgt vernehmen: »Siehe, ich verkündige euch große Freude!«

Sofort zogen die Hirten ein, fünf an der Zahl. Jeder hatte sich eine Kittelschürze übergeworfen, wie sie der Schäfer Domski winters und sommers zu tragen pflegte. Sie schlugen mächtig mit ihren Stöcken und konnten nicht verhindern, daß wie im letzten Jahr die Feier gestört wurde durch die Hunde, die beim Anblick der brennenden Kerzen so sehr erschraken, daß sie wie Wölfe zu heulen begannen, und ernsthaft befürchtet werden mußte, sie würden das Neugeborene verstören. Das gab sich erst, als der Racheengel, einiges lauter als die Hunde, die himmlischen Heerscharen herbeirief, die auch gleich, vom Wind getrieben, auf der Empore Aufstellung nahmen und in ihre Posaunen stießen.

Auch die masurischen Hirten wollten sich nicht lumpen lassen. Immer nur Anbetung war ihnen nicht genug. Es kränkte sie, daß sie mit rein nuscht nich vor die heilige Familie treten sollten, und so brachten sie, obwohl solches in der Schrift nicht vorgesehen war, ein handfestes Geschenk mit, nämlich ein weißes Lamm, das der Älteste auf dem Arm trug und der Einfachheit halber gleich zu dem Kind in die Kiepe warf.

»Was soll der Schafbock in der Krippe?!« beschwerte sich Joseph.

Das Lamm begann auch gleich, herzergreifend zu meckern, so daß Maria es tröstend auf den Arm nehmen mußte.

Der älteste Hirte erzählte, wie sie in der vergangenen Nacht, als sie vom Krug zum Schafstall wanderten, eine Stimme gehört hatten, die von großer Freude kündete. Wohl hatten sie bemerkt, daß die Stimme der Glumsschen, also dem heutigen Racheengel, gehörte, aber es traf sie doch sehr ins Herz, so daß sie sich beeilten, rechtzeitig zur Anbetung zu erscheinen. »Und nun sind wir da.«

Sie sangen noch gemeinsam das Lied vom Herumstehen an der Krippe. Aber als sie an die Stelle kamen, an der der Dichter reimt:

> »Ich sehe dich mit Freuden an
> und kann mich nicht satt sehen;
> und weil ich nun nichts weiter kann,
> bleib ich anbetend stehen ...«,

verschlug es ihnen die Stimme.

Erneut wurde eine Beruhigungspause bewilligt. Die Hirten lagerten sich um die heilige Familie und sahen zu, wie Maria dem Kleinen die Brust gab. Es kamen auch einige nach vorn gelaufen, um den Bengel zu besehen. Sie legten hier ein Kullerchen Wolle, dort ein Kartoffelschälmesser oder Mohrrüben auf die Altarstufen und verabschiedeten sich nach ausreichenden Verbeugungen.

Als wieder die Posaunen ertönten, ging es dem Höhepunkt zu, der Ankunft der Könige. Es wurde gleich ein bißchen heller unter dem Sakristeifenster, weil den Königen mit roten Fackeln der Weg geleuchtet werden mußte. Auch zog ihnen ein Schweifstern voraus in Gestalt der überaus kräftigen Frau des Schneiders Dombrowski, die eine Bohnenstange vor sich hertrug, an deren Spitze eine Laterne baumelte. Die drei Könige hatten sich ein bißchen verärgert und auseinanderdisputiert, so daß sie darauf bestanden, getrennt vor der heiligen Familie zu erscheinen, obwohl die Schrift ihr gleichzeitiges Auftreten vorsah. Als erster kam Melchior, dem jeder auf fünfzig Schritte anmerkte, wer er wirklich war, nämlich der Schuster Ehrlich, der hinterm Poggenteich wohnte. Und siehe da, er sah schwarz aus. Der Melchior erzählte ein bißchen, was er unterwegs erlebt hatte und daß es ihm zu kalt sei in dieser Gegend. Wenn wieder mal so ein herrschaftliches Kind zu erwarten sei, sollten sie das gefälligst in wärmeren Ländern erledigen, nicht in der eisigen masurischen Wildnis.

An dieser Stelle kam Unmut auf. Einige schlugen mit den Stiefeln gegen die Kirchenbank, so daß Melchior es vorzog, rasch seinen Weihrauchkessel neben die Kiepe zu stellen, sich unter die Hirten zu mengen und kein Wort mehr zu sagen.

Schon wieder ertönte die Posaune, den Schweifstern drängte es aus der Sakristei, in seinem Gefolge erschien der Kaspar. Der ritt, wie es sich gehörte, auf einem Esel, oder doch nicht? Nachdem der Esel des Schneiders Dombrowski zu Martini alle viere von sich gestreckt hatte, mußte der Kaspar auf ein krutziges Pferd umsteigen, das schwarz aussah wie die Seele des Leibhaftigen und so schlecht im Futter stand, daß die Gronower sich schämten, mit einem solchen Tier einen König zu befördern. Der Kaspar sprang auch gleich ab, weil das Pferd es nicht länger ertragen wollte. Als er sich vor dem Kind verneigte und Myrrhe übergab, sahen sie, daß auch er rabenschwarz war, was gegen die Schrift verstieß, aber als kleine Unregelmäßigkeit durchgelassen werden konnte.

Fehlte noch Balthasar. Dieser betrat mit gesetzten Schritten, vorgeleuchtet vom Schweifstern, den Altarraum. Und siehe, auch er war schwarz. Nun arteten, wie jeder bemerken konnte, die Unregelmäßigkeiten doch ein wenig aus. Drei Mohrenkönige waren zum heiligen Christfest noch nie im Masurischen erschienen.

Ein Hirtenhund schlug an und wollte sich auf den arglosen Balthasar stürzen. Der rief, obwohl ihm von

Naujokat Wortlosigkeit zugesichert war: »Schweig du still, Barnabas!«

Um zur richtigen Andacht zurückzufinden, steckte sich Balthasar eine Pfeife an und blies Tabaksqualm über die Kiepe. Irgendwo plärrte ein Säugling. Das armselige Pferd des Kaspar lud seinen Dreck ab und mußte, bevor Balthasar fortfahren konnte, vor die Tür befördert werden. Nun verneigte er sich, um sein Geschenk zu überreichen.

»Wo hast dem Ring her, Balthasar?« fragte Maria.

»Na weißt doch, der Bulle braucht einen Ring durch die Nase, wenn du ihn mit der Stange führst.«

Den vergoldeten Ring, obwohl abweichend von der Schrift, fanden die Gronower passend. Sie trappelten mit den Füßen, der Balgentreter entfachte Sturm, und der Schweifstern erging sich in schönen Kreisen. Balthasar war zufrieden, daß er dem Stück eine so gute Wendung gegeben hatte.

Es brach sogleich eine ziemliche Fröhlichkeit aus, die auch die schrille Stimme des Racheengels, die zur Einkehr mahnte, nicht besänftigen konnte. Hirten und Könige lagerten vor dem Altar, in ihrer Mitte die Kiepe mit Kind und Lamm. Maria kämmte ihr Haar. Der Schweifstern platschte sich auf die unterste Stufe und löschte seine Laterne. Die Männer zündeten ihre Pfeifen an, besprachen den Winter, die zu erwartende Waldarbeit, auch die Gesundheit der Tiere. Bis sich Balthasar erhob und, ans Publikum gerichtet, die Frage stellte, ob es nach so glücklichem Ausgang der weihnachtlichen Geschichte nicht angebracht sei, ein paar Ringel Wurst zu vertilgen, dazu polnische Gurken und durchwachsenen Speck. Es liefen auch gleich einige los, um das Gewünschte zu holen. Schnaps fand sich auf der Stelle ein. Die Flasche machte die Runde, die Hirten begannen zu singen, der Racheengel stimmte mit ein, der Schweifstern leuchtete noch einmal kurz auf, bevor er endgültig in sich versank, und Maria hätte wohl Polka getanzt, wäre sie nicht so geschwächt gewesen. Obwohl das Stück längst zu Ende war, mochte niemand nach Hause gehen. Der Waldarbeiter Kalbus nahm sich nun doch den Balzereit vor und schleppte ihn vor die Tür. Die Grigoleitsche setzte sich zu dem heiligen Paar, denn es war ja ihr Kälberstall, in dem die beiden nächtigten. Jemand schlug vor, den König Herodes, der dem Kind, wie jeder weiß, nicht wohlgesonnen war, heimzusuchen und ihm die Fenster seines Schlosses einzuwerfen.

Aber da wurde nichts draus. Als der Tumult sich gerade überschlagen wollte, gab Naujokat ein Zeichen. Die Orgel setzte kraftvoll ein, ihre gewaltigen Blähungen, begleitet vom Klang der Posaunen, brachten jedermann zum Verstummen. Rasch geleiteten sie die verstörten Tiere ins Freie, nur das Lamm durfte in Marias Armen bleiben. Das Volk strömte nach Hause. Unterwegs bewarfen sie sich mit Schneebällen, im Hohlweg sangen sie. Spät in der Nacht, als keiner mehr zusah, soll noch eine Rauferei unter den schwarzen Königen ausgebrochen sein. Sie wälzten sich in den Schneewehen und machten ziemliche Umstände, die Schuhwichse aus ihren Gesichtern zu entfernen. Aber Genaues weiß keiner.

Die Schöne im Walde

Er begegnete ihr auf einem Waldspaziergang. Hoch und hell der Himmel, flutende Wärme, duftendes Moos, von fern sangen Vögel. Sie stand am Rande einer Lichtung, umgeben von Brombeerranken.

»Zu Weihnachten müßte man dich in die Stube holen«, sagte er und schlug sich durchs Gestrüpp, um sie näher anzuschauen.

Sie fühlte sich weich an, sah silbergrau aus und überragte ihn um einen Meter.

»Du bist wirklich schön, zu Weihnachten werde ich dich holen«, sagte er und wunderte sich, warum er in sommerlicher Hitze an Weihnachten denken konnte.

Auf dem Heimweg fiel ihm ein, daß er noch nie einen Weihnachtsbaum besessen hatte. Er lebte seit Jahren allein, seine Wohnung war nicht groß genug, um sie mit einer drei Meter hohen Tanne zu teilen. Ja, wenn er Kinder hätte, Kinder brauchen so etwas. Er erinnerte sich blaß der Weihnachtsfeste seiner Kindertage, die stets mit Tannenbaum gefeiert worden waren. Nun genügten ihm die Lichterketten in den Einkaufsstraßen, die glitzernden Bäume vor den Kaufhäusern und der eintönige Singsang der Weihnachtslieder neben den Registrierkassen. Seitdem er allein lebte, empfand er Weihnachten als ein graues, düsteres Fest, an dem nur andere ihre Freude hatten.

Aber nun, mitten im Sommer, diese Tanne. Er besuchte sie immer wieder, sah sie wachsen und kleine

Zapfen treiben, die wie Schmuck an den Zweigen baumelten. Sie erschien ihm vollkommen wie kein anderer Baum. Weder kahle Stellen waren zu entdecken noch vertrocknete Ästchen.

»Es gibt nur wenige Bäume, die dir gleichen«, sagte er zu ihr, und es kam ihm vor, als nicke sie zustimmend. »Ich werde achtgeben müssen, daß dich nicht andere holen, weil du so schön bist. Schon im November werde ich dich schlagen.«

Er stellte sich vor, sie zu schmücken. Engelshaar in die Zweige, weiße Wattebäusche ans Kleid, auf die Spitze wollte er eine goldene Krone setzen.

»Dann wirst du noch schöner aussehen.«

Eines Tages entdeckte er in den oberen Zweigen ein Nest, sehr hoch, so daß er nicht hineinschauen konnte. Also setzte er sich ins Gras und wartete. Ein kleiner grauer Vogel erschien, hüpfte aufgeregt von Ast zu Ast, piepte hilflos und schlüpfte schließlich in das Nest. Ein gelber Schnabel und der Federbusch des Kopfes schauten heraus.

»Dir gefällt die Tanne wohl auch«, sagte er zu dem Vogel.

Das Tier war ihm fremd. So grau und unscheinbar, so zitternd zerbrechlich. Die Bücher, die er befragte, sagten wenig über kleine graue Vögel, die in Tannenbäumen nisteten. Als die Jungen schlüpften, wurde es lebhaft in seiner Tanne. Sie sperrten ihre Mäuler auf und schrien, es war ein Kommen, Gehen und Rascheln in den Zweigen. Als die Kleinen sich aus dem Nest wagten, war es mit der Ruhe völlig vorbei. Sie umschwirrten die Tanne, taumelten unbeholfen von Ast zu Ast, stürzten auf den Waldboden, wo sie zitternd im Gras saßen. Einmal griff er einen hilflosen Vogel und trug ihn zurück ins Nest.

Sicher sind es Zugvögel, dachte er. Zum Ende des

Sommers fliegen sie davon, ihr Nest wird leer, zu Weihnachten kann ich die Tanne schlagen.

Bei seinen Waldspaziergängen machte er regelmäßig Abstecher zu seiner Tanne und zu den grauen Vögeln, die in dem Baum ihr Zuhause hatten. Er beobachtete sie, studierte ihre Gewohnheiten, lauschte ihren Stimmen, versuchte sie zu zählen, was regelmäßig mißlang, weil sie ständig durcheinanderhüpften. Es hätte ihm einiges gefehlt, wenn sie im Spätsommer davongeflogen wären. Aber sie bevölkerten noch im September den Baum, saßen abwechselnd auf der Spitze und trillerten in den Wald hinein. Sie wurden so zutraulich, daß sie nicht davonflogen, wenn er kam. Sie kannten ihn.

Du kannst unmöglich eine Tanne schlagen, in der die Vögel ihr Zuhause haben, dachte er. Wenn sie nicht in den Süden fliegen, mußt du dir einen anderen Baum suchen.

Nach dem Herbstregen entdeckte er in der Nähe seines Baumes Fußspuren. Jemand war um die Tanne gegangen, wie um sie anzuschauen, zu begutachten, ihren Wert zu taxieren.

»Du hast noch andere Liebhaber«, sagte er lachend.

Es wird so kommen, daß ein anderer den Baum schlägt und mit nach Hause nimmt, fiel ihm ein, und du findest nur noch einen kahlen Stumpf vor. Ob er ein Schild anbringen sollte? Diese Tanne gehört mir!

Im ersten Schnee sah sie wie verzaubert aus. Die Zweige neigten sich, als trügen sie Trauer. Wenn die Vögel umherhüpften, staubte das weiße Pulver zur Erde.

»Dich braucht man nicht zu schmücken«, sagte er. »Du bist schön genug.«

Den Vögeln brachte er regelmäßig Körner und Brotkrümel, streute ihnen das Futter unter den Baum und sah zu, wie sie sich darüber hermachten. Wenn er kam, flogen sie ihm entgegen, sie saßen zu seinen Füßen. Als er ihnen Körner hinstreckte, fraßen sie ihm aus der Hand.

Wir gehören zusammen, dachte er, der Baum, die Vögel und ich.

Der Wald wurde düsterer. Es wird Zeit, den Baum zu schlagen, bevor ein Fremder es tut, dachte er. Die Vögel werden sich einen anderen Baum suchen müssen, oder sie fliegen doch noch in den Süden.

Eine Woche vor dem Fest besorgte er sich ein Beil, steckte es in einen Sack und ging, als der Abend dämmerte, in den Wald. Die Vögel erwarteten ihn, aber er hatte kein Futter für sie, er wollte nur die Tanne.

»Ich muß es tun, bevor ein anderer dich schlägt«, sagte er so laut, daß die Vögel erschraken und davonflogen.

Eine wilde Entschlossenheit packte ihn. Er sah nur die Tanne, er wollte sie haben, ihm allein sollte sie gehören. Er warf das Beil ins Gras, nahm Platz, steckte sich eine Zigarette an, blies den Rauch so heftig in die Zweige, daß sie raschelten. Ruhig betrachtete er die Tanne. Wie majestätisch sie vor ihm stand. Ein Schauder lief ihm über den Rücken.

»Keiner wird einen solchen Baum haben. Du wirst die Stube füllen, das ganze Haus wird nach Tannengrün duften. Wir werden miteinander reden wie gute Bekannte. Über den Sommer werden wir sprechen, die kleinen grauen Vögel und über Weihnachten.«

Aber sie wird sterben, fiel ihm ein. Das ist nun mal so. Alle Weihnachtsbäume sterben mit einem letzten großen Fest. Die Nadeln vertrocknen, die Zweige werden kahl, auch die schönsten Bäume werden im Januar zum Fenster hinausgeworfen, damit die Mülleute sie aufsammeln und verbrennen.

»Wenn ich wüßte, daß kein anderer käme, würde ich dich stehen lassen«, sagte er zu ihr. »In einem Jahr siehst du noch schöner aus, und wir könnten wieder Weihnachten feiern.«

Mit einer Taschenlampe leuchtete er den Stamm ab.

»Niemand soll mir diese Tanne nehmen!« rief er, kniete nieder und suchte die Stelle, an der er den ersten Schlag setzen wollte. Da hörte er aus der Ferne Stimmen. Jemand spazierte durch den Wald, kam näher, Zweige knackten. Er griff das Beil und kroch unter das schützende Dach seiner Tanne. Zum erstenmal sah er sie von innen, umspannte mit den Händen den schlanken Stamm, griff in das ausgelaufene Harz, das an seinen Fingern klebenblieb und duftete.

Ein Hund kläffte, eine Stimme redete beruhigend auf das Tier ein.

»Sieh mal den schönen Tannenbaum!« sagte eine Frau. »Wie gut, daß er so versteckt steht, sonst hätte ihn längst jemand geschlagen.«

»Wir haben schon einen Baum«, antwortete der Mann. »Aber vielleicht hole ich ihn im nächsten Jahr. Er sieht wirklich gut aus.«

Als die Spaziergänger fort waren, kroch er aus seinem Versteck. Er spürte Schweiß im Gesicht, und die Hand, die das Beil führen sollte, zitterte.

»Heute kann ich dich nicht schlagen«, sagte er zu der Tanne. »Ich werde morgen kommen oder übermorgen. Warte auf mich.«

Auch am nächsten Tag brachte er es nicht über sich.

»Am Heiligen Abend werde ich dich holen, das ist früh genug«, sagte er.

Es kam der Heilige Abend, ein trüber Tag ohne Licht, auch fehlte es an Schnee. Er zog sich festlich an, setzte die Pelzmütze auf, streifte dicke Handschuhe über.

Während die anderen zur Kirche gingen, wanderte er in den Wald, unter dem Arm eine vollgestopfte Tüte und das geschärfte Beil. Die Tanne stand noch an ihrem Platz. Die Vögel kamen ihm entgegen. Er streute ihnen Futter auf den Weg.

»Heute ist Weihnachten«, sagte er zu den Vögeln und zu der Tanne.

Dann nahm er Lametta aus der Tüte und hängte es in die Zweige. Der Spitze gab er einen silbernen Stern, rote Kerzen steckte er auf. Als sie brannten, färbte sich der Wald wie im Abendrot. Er setzte sich ins Moos und schaute zu ihr auf. Er fror überhaupt nicht, es war geradezu frühlingshaft mild. Daß sich Hasen und Rehe einfanden, um den geschmückten Baum zu bewundern, entsprach nicht der Wirklichkeit, sondern seinen Wunschvorstellungen. Auch der Chor, der von ferne Lieder sang, kam aus seinen Kindertagen, ebenso das Glockengeläute. Er war allein mit seiner Tanne, und es war sehr still. Nicht einmal die kleinen grauen Vögel sangen.

»Im nächsten Jahr feiern wir wieder Weihnachten«, sagte er zu ihr. »Und danach immer wieder, bis du so groß bist wie ein Kirchturm und ich eines Tages nicht mehr zu dir kommen kann.«

Als der Herr auf Erden
wandelte

»Der alte Jesus kommt!« riefen die Kinder. Sie rannten ihm auf der Dorfstraße entgegen, blieben in respektvollem Abstand stehen, bestaunten den Einzug des sonderbaren Mannes mit seinem Begleiter, einem ausgewachsenen Bernhardiner, der auf den Namen Herodes hörte. Der Alte grüßte im Vorbeigehen, indem er den Wanderstab hob. Herodes schaute die Kinder mit seinen großen, traurigen Augen an, ein Bild wie vom guten Hirten auf den Gemälden alter Meister. Der alte Jesus trug schäbige Pelzstiefel und einen zerschlissenen Fellmantel, so löcherig, daß darin sieben Katzen keine Maus zu fangen vermochten, auf dem Kopf einen Schlapphut, dessen Krempe er tief ins Gesicht drückte, so daß ihm niemand in die Augen schauen konnte. Um den Leib hatte er einen Strick gebunden, an dem ein leeres Säcklein hing. Wegen des Stricks munkelten sie, der Alte sei ein entlaufener Mönch und der Hund ein römischer Kardinal aus einem früheren Leben. Von beiden ging etwas Erhabenes aus. Niemand wagte es, ihnen einen Schneeball nachzuwerfen oder freche Sprüche zuzurufen. Gelegentlich umgab ein Heiligenschein das seltsame Paar.

Wenn der alte Jesus kam, ging es auf Weihnachten zu. Seine Wanderzeit begann im Dezember, wenn die Nächte lang und die Tage kurz wurden, die Felder sich unter Schneewehen zur Ruhe legten, das Eis die Seen verschloß oder in langen Zapfen von den Dachrinnen hing. Den Kindern sagte man, er sei ein Abgesandter des Weihnachtsmannes, der nach dem Rechten sehen wolle. Die Erwachsenen hielten ihn für einen Schnorrer, der nur zu gut wußte, wie leicht sich in der Weihnachtszeit nicht nur die Herzen, sondern auch die Geldbörsen öffnen ließen.

Am ersten Haus blieb er stehen, gab seinem Hund ein Zeichen. Der warf den Kopf zurück, heulte schaurig wie ein Wolf, so daß es jedem durch Mark und Bein fuhr. Auf das Geheul öffnete sich die Tür, eine Frau schaute heraus, neben ihr zwei Kinder, die sich an die Schürze der Mutter klammerten. Der alte Jesus schlug das Kreuz und streckte bittend die nackten Hände aus, in die die Frau einen Apfel und ein Glas Honig legte.

»Mehr haben wir nicht«, flüsterte sie.

Die Kinder durften Herodes streicheln, der Alte verwahrte die Gaben in seinem Säcklein, schlug wieder das Kreuz und wanderte zur nächsten Tür. Erschien niemand, klopfte er heftig mit dem Stab gegen das Holz. Wenn auch darauf niemand öffnete, malte er eine Teufelsfratze in den Schnee, und Herodes schlug verächtlich sein Wasser am Türpfosten ab.

Es brachte Unglück, dem alten Jesus nichts zu geben, ihm gar die Tür zu verweigern. Kühe verendeten, Kinder bekamen Fieber oder Keuchhusten, in schlimmen Fällen brannten Scheunen oder Strohberge nieder. So bemühte sich jeder, sogar die Ärmsten, die wenig hatten, dem Besucher etwas zu schenken. Das Säcklein füllte sich, hier fiel ein Stück Käse hinein, dort eine rauchige Wurst oder eine Speckseite. Zuweilen gaben sie ihm mit klarem Wasser gefüllte Fläschchen, die der Alte nicht in den Sack steckte, sondern in die Manteltasche, um sie griffbereit bei sich zu haben. Wurde ihm eine Münze gereicht, verbeugte er sich tief. Manchmal deutete er auf Herodes und gab zu verstehen, daß ein Bernhardiner täglich ein ordentliches Stück Fleisch brauche und nicht mit abgenagten Knochen durch den Winter kommen könne. Den Kindern, die ihn neugierig begleiteten, schenkte er die eine oder andere Kleinigkeit. So schüttete er einen Beutel Haselnüsse, den er soeben empfangen hatte, in den Schnee und hatte seine Freude daran, wie die Kinder sich darum balgten. An der zugefrorenen Pumpe auf dem Dorfplatz machte er Rast, biß von einer Mettwurst ab, ließ Herodes zubeißen, und so ging es fort, bis beide an das Ende der Wurst gekommen waren. Er trank aus der klaren Flasche, von der niemand wußte, ob sie Wasser oder Hochprozentiges enthielt. Jedenfalls wärmte ihn das Getränk und machte ihn so beschwingt, daß er »Vom Himmel hoch« sang und Herodes aufforderte, heulend mit einzustimmen.

Es kam vor, daß er um wärmende Kleidung bat, denn der kalte Norden machte ihm schwer zu schaffen.

»Im Heiligen Land fällt kein Schnee«, pflegte er zu sagen.

Als ein Mädchen ihn fragte, wo Maria sei, gab er zur Antwort: »Die sitzt zu Bethlehem im Stall und strickt Strümpfe.«

Wenn es auf den Abend zuging, suchte er eine Herberge und wußte sehr wohl zu unterscheiden zwischen armseligen Tagelöhnerhütten und geräumigen Bauernhäusern.

»Es haben schon einige, ohne es zu wissen, Engel beherbergt«, sprach er, wenn ihm die Tür geöffnet wurde.

Da jedermann wußte, wie es dem bösen Wirt ergangen war, der dem Heiligen Paar in der Weihnachtsnacht die Tür vor der Nase zugeschlagen hatte, brachte es keiner über sich, Jesus und Herodes fortzuschicken.

Viele nahmen es als Auszeichnung, daß der Alte ihr Haus erwählt hatte, um darin zu übernachten. Sie gaben ihm eine warme Kammer, bereiteten das Abendessen und lauschten, während Herodes unter dem Tisch dösend abtaute, den Erzählungen von der beschwerlichen Wanderung durchs biblische Land, von Räubern, Tagedieben, Löwen, wilden Hyänen und haushohen Elefanten, schließlich von dem Stern, dem sie gefolgt waren, von der Nacht mit den Hirten und den Drei Königen, die ihnen auf halber Strecke zwischen Jericho und Bethlehem über den Weg gelaufen waren.

»Kannst mir ein Pfeifchen Tabak geben, Melchior?« hatte er den ersten König gefragt. Kaspar bat er um einen Schluck aus der klaren Flasche, und von Balthasar forderte er ein Stückchen Wurst.

»Aber ihr werdet es nicht glauben, diese armen Könige besaßen weiter nichts als Weihrauch, Gold und Myrrhe. Der eine trug so viel Gold in den Taschen, daß er kaum aufrecht gehen konnte, weil das Gewicht der Goldklumpen ihn zur Erde drückte.«

An dieser Stelle machte der alte Jesus gewöhnlich eine längere Pause, klimperte geräuschvoll mit den Münzen in seiner Tasche und gab zu verstehen, daß es nicht unbedingt Gold sein müsse, Silber täte es auch, sogar Scheine aus Papier nähme er gern.

Für die Kinder war es eine aufregende Nacht, wenn Jesus und Herodes in ihrem Haus schliefen. Sie bekamen kein Auge zu, warteten darauf, daß der Alte sich, wie es in der Weihnachtsgeschichte geschrieben steht, in einen schreienden Säugling verwandelte, unter dem Fenster himmlische Chöre erklängen und Herodes als ausgewachsener Engel durch den Rauchfang flüchtete. Aber aus der Kammer der beiden drang nur lautes Schnarchen und ein gelegentliches Knurren, wenn Herodes im Traum mit den Löwen kämpfte. Am Morgen stärkten sie sich bei einem guten Frühstück, bevor sie weiter auf Wanderschaft gingen.

Im Dorf erzählten sie, der alte Jesus trage bis zum Weihnachtsfest so viele gefüllte Säcklein in seine windschiefe Kate am Waldrand, daß es reiche für den langen Winter und den halben Sommer. Auch seien seine Taschen von den Münzen, die man ihm zusteckte, so schwer wie die des goldbeladenen heiligen Königs, so daß er gelegentlich in einen Krug einkehren müsse, um Ballast abzuwerfen. Er trank gern Wein, der an den Hängen des Libanongebirges gewachsen war, und verwöhnte Herodes mit italienischer Salami.

Nach dem Fest ruhte er und lebte von dem, was sie ihm zugesteckt hatten. Wenn im Herbst wieder Schnee fiel, holte er den zerschlissenen Mantel aus dem Schrank, zog die Pelzstiefel an, nahm den Hirtenstab und gab Herodes ein Zeichen, daß ihre Zeit gekommen sei. Niemand wagte ihn abzuweisen, denn es geschahen immer noch Wunder auf Erden, und wer wußte schon, ob der Alte und sein Hund nicht Gottes Boten waren.

Sag ihm nicht,
daß Weihnachten ist

»Es regt ihn nur auf, es macht ihn so unruhig«, sagte die jüngere der beiden Frauen, während sie Silberkugeln in das Bäumchen hängte. Die andere saß teilnahmslos am Fenster und schaute ins Schneegestöber.

Von nebenan hörten sie die gleichmäßigen Atemzüge, manchmal ein lautes Schnarchen.

»Wenn wir es ihm sagen, will er aufstehen. Er wird sich die Beine brechen, und es wird alles nur schlimmer.«

Die Ältere ging in die Küche und setzte Kaffee auf. Im Vorbeigehen schaute sie durch den Türspalt in die Kammer, hörte das Rascheln des Bettzeugs, eine Stimme murmelte Unverständliches.

»Wie findest du den Baum?« fragte die Jüngere, die Lametta über die Zweige hängte.

»Es fehlen noch Kerzen.«

»Ach ja, die Kerzen!«

Sie tranken Kaffee, aßen Pfefferkuchen und sahen zu, wie die Schneeflocken tanzten. Sollten sie jetzt die Kerzen anzünden oder erst nach dem Gottesdienst?

»Lieber nicht«, sagte die Jüngere. »Wenn er den Kerzenduft riecht, weiß er, daß Weihnachten ist.«

Sie tranken Kaffee, aßen Kuchen und sprachen über Weihnachten.

»Es ist immer noch das schönste Fest«, murmelte die Ältere. »Und es fällt sogar Schnee.«

Als es dunkelte, zogen sie sich für den Kirchgang an.

Die Ältere band ein schwarzes Kopftuch um, sie sah nun aus wie die heiligen Frauen auf alten Ölgemälden. Bevor sie das Haus verließen, ging sie in die Kammer und lauschte den Atemzügen.

»Wir gehen für eine Stunde fort«, sagte sie. »Gegen sieben Uhr werden wir zurück sein.«

Sie erhielt keine Antwort, denn der alte Mann schlief. Es war ein leichter Schlaf, ein halbes Wachen, in dem er Stimmen hörte, auch das Knarren der Stubentür und das Schnappen des Türschlosses. Er spürte, daß er allein war.

Die Frauen stapften durch den Schnee zur Kirche. Auf halbem Wege begannen die Glocken zu läuten.

»Hoffentlich hört er das Gebimmel nicht«, sagte die Jüngere. »Sonst weiß er, daß Weihnachten ist. Weihnachten läuten die Glocken anders.«

Nicht die Glocken weckten ihn, sondern der sonderbare Geruch, der durchs Haus zog. Erst glaubte er, es sei Pfefferkuchen, dann wieder roch es nach dem Harz einer frisch geschlagenen Tanne.

»Wie Weihnachten«, sagte der alte Mann zu sich.

Im Licht der Straßenlaternen sah er Schneeflocken vor seinem Fenster tanzen, verschwommen dahinter die erleuchteten Häuser.

Auch draußen sieht es wie Weihnachten aus, dachte er. So weiß und so still. Wenn es Weihnachten ist, liegst du schon ein Jahr in dieser verdammten Kammer, ein elendes langes Jahr.

Was er brauchte, brachten ihm die Frauen. Sie wuschen ihn und nahmen seinen Bart ab, sie trugen ihm das Essen ans Bett, fütterten ihn, wenn seine Hand den Löffel nicht mehr halten konnte. Sie wechselten die Kleidung und das Bettzeug. Sie waren gut zu ihm. Alle vierzehn Tage erschien der Doktor, um die Frage zu stellen: Na, Opa, wollen die Beine nicht mehr? Mit den Beinen hatte es angefangen, damals in der Vorweihnachtszeit. Sie waren dünner und dünner geworden, schließlich hatten sie jede Kraft verloren. Von den Beinen zog es langsam den Körper hinauf, die Arme welkten, schließlich kam die Schwäche im Kopf an. Er schlief viel, manchmal vergaß er Tag und Stunde.

Er wäre gern aufgestanden, um dem Pfefferkuchengeruch nachzuspüren, aber er zweifelte, ob die Beine es schaffen würden. Also saß er auf der Bettkante, sah sich das Schneegestöber an und dachte an frühere Weihnachten, als er noch Kraft besessen hatte, in den Wald zu gehen, um Fichten zu schlagen. Den Weihnachtsmann hatte er gespielt, er erinnerte sich an einen gefüllten Sack, einen weißen Bart und eine rote Mütze. Nach getaner Arbeit gab es Grog. Jawohl, er roch es deutlich, dieses Gemisch aus Rum und Arrak, spürte auch, nachdem er lange genug daran gedacht hatte, die Wärme, die von dem Getränk ausging. Sie schoß in seinen Körper, erfaßte die Beine und ließ die Fußspitzen glühen. Vorsichtig bewegte er die Zehen, rieb mit der Hand die welken Oberschenkel. Auf einmal erschienen ihm die Arme so kräftig wie damals, als er den Baum geschlagen hatte. Er klammerte sich ans Bettgestell. Wie sicher die Beine doch standen. Ob sie es bis zur Tür schafften? Er hangelte nach der Krücke, die die Frauen unter das Bett gelegt hatten. Auf das Holz gestützt, schleppte er sich zur Tür, fand sie angelehnt, gab ihr mit der Krücke einen Schubs, so daß sie aufsprang.

»Es ist wirklich Weihnachten«, sagte der alte Mann, als er vor dem geschmückten Baum stand. Er schnupperte an den Nadeln, erinnerte sich des Duftes der Fichten, die er geschlagen hatte. Es war so wie damals.

»Sieh mal an, das ist Pfefferkuchen«, sagte er und setzte sich an das Tischchen, an dem die Frauen Kaffee getrunken hatten. Er fand zwei bunte Teller, gefüllt mit leuchtenden Mandarinen, blassen Marzipankugeln, Walnüssen, Schokoladenkringeln, und begann, ein Stück Kuchen zu mümmeln. Gern hätte er etwas dazu getrunken. Aber keinen Kaffee. Der greift das Herz an! hatten die Frauen gesagt. Traubensaft würde gehen, am liebsten Grog. Ja, damals hatte er zwei Glas Grog, halb Wasser, halb Rum, getrunken, und heiß war ihm geworden bis in die Haarspitzen.

»So also sieht Weihnachten aus«, sagte der alte Mann und wunderte sich, daß er es noch einmal erleben durfte. Seine Hand raschelte mit den Lamettastreifen. Als er in den Baum pustete, klirrten die Glaskugeln.

»Eigentlich mußt du singen«, ermunterte er sich. Da er seiner Stimme nicht traute, sprach er den Text eines Weihnachtsliedes leise vor sich hin wie ein Schuljunge, der ein Gedicht aufsagt. Als er nach der ersten Strophe nicht weiterwußte, aß er noch ein Stück Pfefferkuchen.

In der Kirche sangen sie drei Strophen. Der Chor stimmte das Halleluja an, der Engel verkündete große Freude, und als der Pfarrer davon sprach, daß der Herr auch für die Armen und Schwachen, die Gefangenen und Leidenden geboren sei, erfüllte eine unerhörte Wärme und Fröhlichkeit alle Herzen guten Willens. Die beiden Frauen schauten sich verklärt an.

»Es ist immer noch das schönste Fest«, flüsterte die Ältere.

Der alte Mann entdeckte die roten Kerzen im Baum. Er zählte sie, verzählte sich, fing von vorn an, kam auf zehn, vielleicht auch elf oder zwölf. Ja, es werden zwölf sein, weil Zwölf eine heilige Zahl ist. Niemand würde dreizehn Kerzen in den Baum geben. Am Fuß des Bäumchens fand er eine Streichholzschachtel. Weihnachten ohne Kerzenschein ist gar nichts, dachte er, fingerte ein Streichholz aus der Schachtel, ratschte es an, brach das Hölzchen ab, bevor es Feuer fangen konnte.

»Du bist so verdammt schwach, nicht mal die Streichhölzer gehorchen dir.«

Er versuchte es wieder und wieder, beim vierten Hölzchen hatte er Glück, und seine Hand zitterte von all der Anstrengung.

»Wenn erst eine Kerze brennt, gehen die anderen leichter«, machte er sich Mut. Fast verbrannte er seine Fingerkuppen. Schließlich fing der Docht Feuer, die Flamme wuchs, sie bewegte das Lametta und ließ einige Nadeln knistern. Andächtig blickte er in das rötliche Licht, das sich vor seinem Atem verneigte.

»Jetzt fehlt nur noch der Grog, dann ist Weihnachten vollkommen«, sagte er laut.

In der Kirche sangen sie das »O du fröhliche ...«. Das Lied machte sie beschwingt und heiter, die Augen leuchteten, ihre Stimmen klangen heller. Vor dem Ausgang reichten sie sich die Hände und nahmen den Segen mit in die Winternacht. Gesegnete Weihnachten, sagte der Pfarrer. Die beiden Frauen spendeten mehrere Scheine in die Opferschale. Wieder läuteten Glocken.

»Es ist doch das allerschönste Fest«, sagte die Ältere, als sie durch den Schnee nach Hause wanderten, beschwingt von dem, was sie gesehen und gehört hatten.

Es machte tatsächlich keine Mühe, nach der einen nun auch die übrigen Kerzen anzuzünden. Bald war der ganze Baum in rötliches Licht getaucht. Eine wohlige Wärme schlug ihm entgegen, und ein Duft von angebranntem Tannenreisig erfüllte den Raum. Nun, da die Kerzen brannten, konnte er sie leichter zählen. Es waren zwölf, die heiligen Zwölf.

Wo mochten die Frauen die Getränke versteckt halten? Ein Glas Wein könnte er doch trinken, am liebsten natürlich Grog. Um Grog zuzubereiten, müßte er sich in die Küche schleppen, dort Wasser zum Kochen bringen und den Zucker suchen. So gesehen, ist Grog ein furchtbar umständliches Getränk. Außerdem fehlte der Rum.

Der alte Mann sah den niederbrennenden Kerzen zu, aß krümelnden Kuchen und dachte, daß Weihnachten ohne Grog fast gar nichts sei.

Auf der Anrichte fand er die Geschenke, die die Frauen sich gegenseitig zum Fest überreichen wollten. Wenn sie aus der Kirche kommen, werden sie eine Bescherung veranstalten. Hausschuhe, eine rote Bluse, ein goldenes Kettchen und das übliche süße Zeug. Es stand da auch eine in Weihnachtspapier gewickelte Flasche, deren Etikett er nicht entziffern konnte, die aber gut aussah. Vermutlich war es Rum.

Der Schnee knirschte unter ihren Stiefeln. Die Ältere sprach davon, daß sie am Heiligen Abend immer zur Kirche gegangen sei, solange sie denken könne. Nur einmal fiel Weihnachten aus, als der Krieg endete und sie das Fest in einem Lager verbringen mußte. Einen Gottesdienst gab es nicht, das Lager befand sich in einem gottlosen Land, es stand unter Quarantäne. Als Festessen wurde eine Schüssel mit Pellkartoffeln gereicht.

Die Jüngere summte Lieder. Sie war beschwingt,

sang von verschneiten Tannenwäldern, Bergkuppen und funkelnden Sternen über einem weihnachtlich geschmückten Tal.

»Weihnachten ist wirklich das schönste Fest.«

Vor dem Eingang traten sie den Schnee von den Stiefeln und klopften sich gegenseitig ihre Mäntel ab.

»Jetzt kommt der gemütliche Teil«, freute sich die Ältere. »Wir werden uns einen Punsch brauen, und wenn du willst, kannst du Nüsse knacken.«

Wärme schlug ihnen entgegen. Schon im Flur rochen sie Kerzen- und Tannenduft, vermischt mit hochprozentigem Alkohol. Die Kerzen im Baum waren bis auf einen spärlichen Rest niedergebrannt, einige blakten nach. Vor dem Bäumchen lag der alte Mann, neben ihm die halbleere Flasche.

»Na, das ist eine Bescherung!« schimpfte die Jüngere. »Du hättest unser Haus anstecken können, Opa!«

Sie pustete die blakenden Kerzen aus, beugte sich über den alten Mann und rüttelte ihn heftig.

»Er hat es doch gemerkt«, flüsterte die Ältere. »Weihnachten kann man nicht verstecken.«

Es dauerte seine Zeit, bis er zu sich kam. Sein erster Gedanke: Dies war dein letztes Weihnachtsfest. Er konnte sich nicht vorstellen, noch einmal zwölf Monate in dem verdammten Bett zu liegen. Auch wußte er sofort, daß er den Weg zurück in die Kammer nicht allein schaffen würde. Alle Kraft hatte ihn verlassen, seine Beine drohten zu brechen, die Arme hingen schlaff am Körper, im Kopf war jede Ordnung durcheinandergeraten.

»Das kommt vom Rum«, sagte die Jüngere.

Die beiden Frauen trugen ihn ins Bett.

»Versprich mir, daß du so etwas nie wieder anstellst«, bat die Ältere.

Er war ziemlich sicher, daß das nie wieder vorkommen würde, denn es war sein letztes Weihnachtsfest. Doch besaß er nicht die Kraft, es den Frauen zu sagen; nur soviel, daß er Durst verspürte.

Die Jüngere holte ihm ein Glas Traubensaft, richtete ihn im Bett auf und flößte ihm das Getränk ein.

»Sonderbar ist das mit dir«, sagte sie. »Eine halbe Flasche Rum konntest du allein austrinken, aber beim Traubensaft muß ich dir helfen.«

Ja, damals hattest du Kraft, Fichtenbäume zu schlagen und eine halbe Flasche Rum auszutrinken, ging es ihm durch den Kopf. Aber er konnte es den Frauen nicht sagen, weil er sich zu schwach fühlte.

»Nun schlaf schön, Opa«, sagte die Jüngere im Hinausgehen und zog die Tür hinter sich zu.

Er wußte, daß sie neue Kerzen in die Halter stecken würden, um die Stube mit rotem Licht zu erfüllen. Sie würden Punsch trinken, fromme Lieder singen, ihre Geschenke bewundern und von früheren Weihnachtsfesten erzählen, als sie mit Pferdeschlitten zur Kirche fuhren, ein leibhaftiger Weihnachtsmann sich den Schnee von den Stiefeln trat und alles sehr, sehr gut war. Er wußte es, aber es ging ihn nichts mehr an.

Manuk

Wenn der Strom unter das Eis geriet, kam Manuk, um ihm bei der Arbeit zuzusehen. Schweigend saß er am Feuer, während Eric die Fangeisen säuberte, Schlingen knüpfte oder Netze flickte. Verlor das Feuer seine Kraft, blickte Eric kurz auf, und Manuk wußte, daß er hinausgehen und Holz holen mußte. Manchmal blieb er länger fort, wenn er sich mit den Hunden unterhielt, ohne ein Wort zu sprechen.

»Wenn du groß bist, machst du das so wie ich«, sagte Eric.

Er wußte, wie gerne Manuk mit zu den Fallen gegangen wäre. Er wollte auch dabeisein, wenn Eric Schneehühner schoß oder der Fährte eines Cougars folgte. Aber das ist nichts für Kinder, dachte Eric. Es kam vor, daß er Tiere, die in den Fallen saßen, erschlagen mußte. Zu denken, daß der Junge dabei zusah, gefiel ihm nicht. Er wußte nicht, warum, aber es war ihm unangenehm, den Jungen in seiner Nähe zu wissen, wenn er einem angeschossenen Schneehuhn den Hals umdrehen mußte.

»Wenn du groß bist, werde ich es dir zeigen«, sagte Eric.

Bevor es dunkelte, schickte er den Jungen zurück über den Fluß in sein Dorf, das er nicht sehen, dessen Rauchsäulen er aber erkennen und bei günstigem Wind riechen konnte.

Einmal durfte Manuk in seiner Hütte bleiben. Das

war jene Dezembernacht, als abends ein Schneesturm losbrach und bis zum Morgen tobte. Der Junge lag neben dem Feuer, sah den Funken nach, die in den Rauchfang wirbelten, und als die Hunde heulten, ging er mit Eric vor die Hütte, um sie hereinzuholen.

Die Nächte nahmen überhand. Die Sonne traute sich kaum noch über die Schneeberge, sie versank, ehe sie recht aufgegangen war. Manuk kam nicht mehr. Er wird krank sein, dachte Eric. Oder sein Dorf ist in Winterschlaf gefallen. Oder sie bauen eine Schneehöhle. Oder sie rodeln von den Hängen hinunter aufs Eis.

Eines Morgens sah er, als er die Hunde fütterte, zwei Gestalten über den Fluß kommen. Die kleinere war ihm vertraut. Die Bewegungen, die Art, die Schritte zu setzen, das konnte nur Manuk sein. Der Mann daneben ist bestimmt der Vater, dachte Eric, oder einer der Ältesten aus dem Dorf.

Sie stapften die Böschung herauf, waren noch einen Steinwurf entfernt, als Eric schon das Bild des Jammers erkannte. Der Junge hatte den Kopf mit einem Wolltuch umwickelt, wie es die Frauen im Dorf trugen, die Augen schienen eingefallen, die Lippen ein blauer Strich.

Sie werden ihn geschlagen haben, dachte Eric, oder der Junge ist krank.

Der Mann nahm wortlos das Tuch ab. Zum Vorschein kam ein geschwollenes Gesicht, dick wie ein Pferdehuf. Manuk hatte Zahnschmerzen.

Der Mann deutete auf die geschwollene Gesichtshälfte und fragte mit Blicken, ob Eric Hilfe wüßte.

»Wir müßten ihm drei Whiskey einflößen, eine Zange nehmen, den Zahn rausreißen und die Wunde mit Whiskey spülen«, schlug Eric vor. »Whiskey habe ich, aber mit Zangen kann ich schlecht umgehen.«

Der Junge blickte ihn hilfesuchend an. Er setzte großes Vertrauen in Eric. Der traf Schneehühner im Fluge, fing unter dem Eis die größten Fische und kannte alle Fährten.

Manuk betrachtete die Flinte, die am Balken hing.

»Den Schmerz kann keiner wegschießen, den mußt du besiegen«, sagte Eric und lachte.

Er holte die Whiskeyflasche, gab dem Mann einen Schluck, dann dem Jungen, ermahnte ihn, das Zeug nicht zu trinken, sondern nur den kranken Zahn damit zu spülen.

»Vielleicht gibt er Ruhe, wenn er Whiskey bekommt!« rief Eric.

Der Mann verabschiedete sich wortlos und ließ Manuk am Feuer zurück. Da saß er und spülte den kranken Zahn. Eric kam mit einer Handvoll Schnee und fing an, damit das geschwollene Gesicht zu reiben. Für einen Augenblick verschwand der Schmerz, kehrte aber mit voller Wucht wieder, als der Schnee getaut war. Das Gesicht glühte wie ein Eisen im Feuer. Manuk mußte sich gewaltig anstrengen, um nicht zu weinen.

»Wir werden eine Weile warten, ob der Zahn es sich noch anders überlegt«, sagte Eric, bevor er hinausging, um den Hunden das Geschirr anzulegen.

Der Wind wehte mäßig vom Fluß herauf, der Frost hatte einige Grade zugelegt, er ließ den Schnee knirschen und die Sterne funkeln.

»Wir werden in die Stadt fahren«, erklärte er dem Jungen. »Da gibt es einen Doktor, der sich auf Zähne versteht.«

Manuk machte eine abwehrende Bewegung.

»Ja, in die Stadt!« rief Eric. »Es wird Zeit, daß du sie auch kennenlernst. Sie ist gar nicht so schlecht, wie sie immer sagen.«

Eric nannte das schäbige Nest an der Mündung des Flusses Stadt, obwohl es nur ein Flecken war mit, na sagen wir, hundert Holzhäusern und drei Kneipen. Einmal im Jahr, wenn der Fluß sich unter dem Eis verkroch und zur Straße wurde, fuhr er mit dem Hundeschlitten in die Stadt, um Patronen zu kaufen, Petroleum und Whiskey und sich in Gesellschaft mit anderen zu betrinken.

»Es ist weiter nicht schlimm«, erklärte Eric. »Der Doktor wird dir das Maul aufreißen, dem kranken Zahn einen Schlag mit dem Hammer geben, ihn hinausbefördern, dann bist du frei.«

Manuk wußte nicht, ob er mehr Angst vor der Stadt oder dem Doktor haben sollte. Vorsichtshalber sagte er, die Schmerzen hätten etwas nachgelassen. Aber Eric packte ihn und trug ihn zum Schlitten, wo die Hunde lärmten und an den Sielen rissen.

»So einem Zahn ist nicht zu trauen«, sagte er. »In einer halben Stunde fängt er wieder an.«

Er wickelte Manuk in Decken, legte ein Bärenfell über ihn, so daß nur Augen und Nase aus dem Versteck herausschauten.

»Es wird ein paar Stunden dauern!« rief er. »Es wäre gut zu schlafen, Schlaf ist die beste Medizin gegen Zahnschmerzen.«

Der Schlitten schoß die Böschung hinab zum Fluß. Bei jeder ruckartigen Bewegung meldete sich der Zahn, aber unten auf dem Eis lagen die Kufen glatt, es gab nicht die geringste Erschütterung, der Zahn verhielt sich ruhig.

»So ein Fluß ist die beste Straße«, erklärte Eric, der über dem Jungen stand, die Zügel in einer Hand, die andere am Schlittenholz. Auf seinem Rücken baumelte die Flinte, aus dem Bart fielen ab und zu Eiskrümel.

»So wie du werden in der Stadt nur die Damen spazierengefahren!« rief Eric lachend. »Wenn du willst, kann ich dir noch einen Whiskey geben, dann schläfst du besser.«

Er flößte dem Jungen einen Schluck aus der Flasche ein. Der spülte den kranken Zahn, spülte und spülte, bis er das bittere Zeug in den Schnee spuckte.

Während sie über das Eis glitten, vorn die Hunde keuchten, erzählte Eric von seinen Zähnen. Einer sei ihm beim Fischen ins Wasser gefallen, der andere habe sich nachts davongemacht.

»Bestimmt habe ich den Burschen verschluckt, jedenfalls war er in der Frühe nicht mehr da.«

Und dann gab es einen sehr schweren Fall. Eric mußte den Zahn in eine Schlinge legen, den Draht an der Tür befestigen und die Tür zuschlagen.

»Ich sage dir, die Hütte hat gebebt, fast wäre die Tür rausgeflogen und nicht der Zahn. Aber solche Operationen gehen nur mit Zähnen, die du sehen kannst. Mit den dicken, die hinten in den Backen sitzen, muß der Mensch zu einem Doktor.«

Er fragte den Jungen, ob er schlafe. Als Manuk nicht antwortete, dachte Eric, daß er genug erzählt habe. Er schaute sich die Gegend an, blickte zum Flußufer, wo die Bäume eine schwarze Mauer bildeten, und plötzlich sah er den Stern. Er hing über dem Fluß, tiefer als andere Sterne, und schien im Begriff, in den Wald zu stürzen.

»Sieh mal, was das für ein Licht ist«, sagte er. »So einen Stern habe ich noch nie gesehen. Wenn der in den Wald fällt, fangen die Bäume an zu brennen. Bestimmt haben sie in der Stadt wieder ein Spektakel veranstaltet wie vor fünf Jahren, als der Präsident zu Besuch kam und sie ihm zu Ehren ein Feuerwerk in den Himmel schossen, das fünfzig Meilen weit im Busch zu sehen war.«

Sie fuhren auf den Stern zu, der über dem Fluß hing und leuchtete.

»Was die wohl angestellt haben«, murmelte Eric. »So ein Stern kostet bestimmt an die tausend Dollar.«

Manuk beobachtete das seltsame Licht. Er kannte sich aus in den Phasen des Mondes, wußte um die großen Sternbilder des Bären, der Fische und des Jägers, hatte auch davon gehört, daß gewisse Sterne kommen und gehen, aber so ein helles Licht war ihm noch nie begegnet.

»Schmerzt er noch?« fragte Eric.

»Nein«, antwortete Manuk.

»Trotzdem fahren wir in die Stadt, du mußt es hinter dich bringen, so oder so.«

Eric war neugierig, was es mit dem Stern auf sich hatte. Gewiß haben sie irgend etwas Verrücktes angestellt, von allein kommt so ein Stern nicht und hängt sich über den zugefrorenen Fluß.

Hinter der Biegung sahen sie endlich die Stadt, nicht einzelne Häuser, aber einen Lichtschein über dem Wald. In der Mitte des Lichts stand der Stern.

»Weißt du, was ich glaube?« fing Eric nach einer Weile an. »Ich glaube, die feiern Weihnachten.«

Manuk blickte sich fragend um.

»Sag bloß, du weißt nicht, was Weihnachten ist?« Eric rieb sich die Stirn. Es war verdammt lange her, und genau wußte er es auch nicht. »Jedenfalls hat eine Kuhmagd in einem Stall ein Kind bekommen«, sagte er.

»Kinder werden doch jeden Tag geboren«, wunderte sich Manuk.

»Aber dies soll ein besonderes Kind gewesen sein, die ganze Geschichte ist auch zweitausend Jahre alt, und Genaues weiß keiner.«

»Also lebt das Kind nicht mehr?«

»Da hast du wohl recht«, murmelte Eric. »Kein Mensch kann zweitausend Jahre leben.«

Voraus auf dem Eis entdeckte er einen dunklen Fleck. Er nahm die Flinte, und als der Fleck sich bewegte, feuerte er zweimal in die Nacht. Das Echo kehrte wieder, und als es ankam, war das Tier tot.

»Wenn die ganze Schlittenfahrt auch sonst nichts einbringt, wenigstens einen Fuchs haben wir geschossen«, sagte Eric.

Er hob das Tier auf, klopfte den Schnee aus dem Pelz und hängte es hinten an den Schlitten.

»Wie ging das weiter mit Weihnachten?« fragte Manuk.

»Über dem Stall, in dem das Kind geboren wurde, soll ein Stern gehangen haben, gerade so wie der über der Stadt.«

»Und was wurde aus dem Kind?«

»Ich glaube, sie machten daraus einen König, aber es ging nicht lange gut. Wenn ich mich nicht irre, haben sie ihn umgebracht.«

Am Flußufer tauchten die ersten Häuser auf. In den Fenstern brannte Licht, und Manuk wunderte sich über soviel Helligkeit.

»Hast du noch nichts von Elektrizität gehört?« fragte Eric. »Das mit dem elektrischen Licht ist so ähnlich wie mit dem Kind, dem König und dem Stern. Du mußt daran glauben, und wenn du genug Glauben hast, drückst du auf einen Knopf, dann wird es hell.«

Sie näherten sich dem Liegeplatz, jener Stelle, an der im Sommer die Boote festmachten, auch größere Schiffe, wenn sie von See heraufkamen.

»Was habe ich dir gesagt, sie feiern Weihnachten.«

Eric zeigte auf einen Tannenbaum, der den Landungssteg schmückte und in dessen Geäst zwei Dutzend elektrischer Kerzen brannten.

»Zum Weihnachtsfest gehört ein Baum«, erklärte er. »So eine Tanne soll damals auch vor dem Stall gestanden haben. Deshalb wird sie immer wieder geschmückt und mit Kerzen behängt.«

Manuk hätte sich gern den Baum aus der Nähe angesehen, aber Eric lenkte den Schlitten zum Ufer.

»Erst gehen wir zum Zahndoktor, dann betrinken wir uns mit Whiskey, und danach kannst du dir den Baum ansehen.«

Als sie festen Boden unter den Füßen hatten, sahen sie, daß der Stern nicht über der Stadt stand, sondern weit dahinter.

»Der hängt über dem Meer«, stellte Eric fest. »Das verstehe, wer will. Das Meer kennt keinen Stall und keinen Tannenbaum, also was soll da ein Stern? Irgend etwas stimmt an der ganzen Geschichte nicht.«

Der Junge fragte, wo es sich zugetragen habe.

Genau wußte Eric es nicht, aber er meinte, es sei wohl zehn Meilen hinter Whitehorse gewesen, da so ungefähr.

Die Stadt erschien ihnen merkwürdig still. Sie trafen keinen Menschen, den sie fragen konnten.

»Wir brauchen nicht zu fragen, ich weiß, wo der Zahndoktor wohnt«, behauptete Eric. »Wir bringen die Sache mit deinem Zahn in Ordnung, dann zeige ich dir den größten Liquor Store an der Küste.«

Während der Fahrt durch die erleuchteten Straßen bewunderte Manuk die Tannenbäume vor den Türen und in den Gärten. Sogar in den Stuben standen kleine geschmückte Bäume und leuchteten mit roten, grünen und blauen Kugeln.

»Warum machen die nach zweitausend Jahren so ein Licht?« fragte der Junge.

»Es hängt mit dem Glauben zusammen«, antwortete Eric. »Sie glauben an das Kind, an den Stall und den

72

Stern, und wenn du etwas glaubst, dann ist es so wie mit dem elektrischen Licht.«

Hin und wieder erschienen Gesichter hinter den Scheiben, meistens Kinder, die herausschauten und dem Schlittengespann zuwinkten.

»Ich wette, sie sitzen am Ofen, essen gebratenen Truthahn und trinken Whiskey«, sagte Eric.

Der Schlitten bog in eine Nebenstraße und hielt vor einem zweistöckigen Holzhaus.

»Hier war es.«

Während die anderen Häuser hell leuchteten, lag dieses im Dunkeln. Eric stapfte die Holztreppe hoch, ahnte schon, daß es nicht geheuer war mit dem Haus. Die Stiege fand er schneebedeckt, und vor die Tür hatte der Wind eine Schneewehe getrieben. Das Haus war unbewohnt.

»Ich hätte eine Flasche Whiskey gewettet, daß hier der Doktor gelebt hat«, schimpfte Eric.

Er wendete den Schlitten und fuhr zurück zur Hauptstraße.

»Wir werden an eine Tür klopfen und fragen, ob es in diesem verdammten Nest einen Doktor gibt, der sich auf Zähne versteht«, fluchte Eric.

In diesem Augenblick begannen Glocken zu läuten. Der Lärm kam von einem Hügel, und als sie aufschauten, sahen sie am Hang eine Holzkirche, die von Scheinwerfern angestrahlt wurde. Der Junge war so überrascht von dem sonderbaren Läuten, daß er für einen Augenblick die Zahnschmerzen vergaß.

»Das sind Weihnachtsglocken«, sagte Eric. »Ich muß dir das erklären, Manuk. Sieh mal, so ein schäbiger Stall ist kein anständiger Ort für einen König. Also haben sie dem Kind eine Kirche gebaut, und immer wenn das Kind Geburtstag hat, läuten sie ihm die Glocken.«

»Hat Whitehorse auch eine Kirche?«

»Na gewiß doch, Whitehorse und Dawson auch. Überall, wo ein paar Menschen zusammengekommen sind, haben sie eine Kirche gebaut, weil sie glaubten, es hilft ihnen.«

Sie fuhren die Anhöhe hinauf zu den Glocken, die einen Lärm verursachten, wie Manuk ihn nicht einmal am großen Wasserfall gehört hatte.

»Wenn du willst, kannst du hineingehen und dir das Spektakel anschauen«, sagte Eric. »Ich bleibe bei den Hunden, sehe mir die Stadt von oben an und rauche eine Pfeife.«

Dieses Glitzern und Leuchten. Mitten in der Kirche ein geschmückter Tannenbaum, dahinter ein Holzkreuz, groß wie ein Totempfahl. Armdicke Kerzen flackerten. Es roch süßlich, als hätte jemand Bärenkraut verbrannt. Die Fenster aus buntem Glas, an den Wänden Bilder in goldenen Rahmen, darunter eines, das das Kind zeigte, die Kuhmagd, den Stall und den Stern über dem Dach. Auf dem Bild knieten mehrere Männer. Als Manuk genau hinschaute, erkannte er in einem der Männer Eric. Das einsetzende Orgelspiel hätte ihn fast umgeworfen. Er taumelte, klammerte sich an einen Pfeiler, bis ein Mann kam, der ihn aufforderte, sich auf eine Bank zu setzen.

Voller Angst rannte Manuk hinaus und warf sich in Erics Arme.

»Hat es dir nicht gefallen?« fragte der.

Der Junge zitterte.

»Was deinen Zahn angeht, müssen wir warten, bis die Vorstellung zu Ende ist. Ich werde die Leute, wenn sie die Kirche verlassen, fragen. Unter hundert Menschen, die Weihnachten feiern, wird es wohl einen geben, der sich auf Zähne versteht.«

»Ich brauche keinen Zahndoktor mehr«, sagte der Junge.

»Sag bloß, der Lärm hat den Schmerz verjagt?«

»Ich habe den Stall gesehen, den Stern und das Kind und daran geglaubt, und plötzlich hörten die Schmerzen auf.«

»So was kommt vor«, murmelte Eric. »Ich bin einmal durchs Moor gegangen und habe geglaubt, daß mir ein Elchbulle vor die Flinte kommt. Was soll ich dir sagen? Er trat aus dem Gebüsch, sah mich traurig an, und ich habe ihn mit einem Schuß erlegt.«

Sie standen am Hang und bewunderten die erleuchtete Stadt.

»Vielleicht solltest du zur Sicherheit noch einen Schluck aus der Flasche nehmen und den kranken Zahn spülen. So einem Zahn ist nicht zu trauen, zehn Minuten gibt er Ruhe, dann rumort er wieder, und die ganze Bescherung fängt von vorn an.«

Eric nahm die Flasche, trank selbst und ließ den Jungen trinken. Hinter ihnen erklangen Weihnachtslieder. Die Orgel spielte, und eine helle Stimme las die alte Geschichte.

»Verdammt lange her«, brummte Eric.

»Zweitausend Jahre«, flüsterte der Junge.

»Wenn wir jetzt in den Busch fahren, und hinter der Flußbiegung fängt dein Zahn wieder an, wäre das ein verdammtes Schurkenstück«, sagte Eric.

»Du kannst ruhig fahren«, antwortete Manuk. »Der Zahn wird nie wieder weh tun.«

Nacht ohne Feuer

In fernen Zeiten, als der Herr noch auf Erden wandelte, die Wälder sich schmückten, Seen und Flüsse erstarrten, die Sterne im Frost funkelten, im Ofen Feuer loderte, in der Röhre der Punsch dampfte, die Alten sich verstehende Blicke zuwarfen und die Kinder vor blakenden Kerzen warteten, in jenen Zeiten begab es sich, daß einer Landschaft die Menschen fehlten. Die Dörfer hatten noch ihre Häuser, doch standen sie leer, kein Licht grüßte aus den Fenstern, kein Schlitten pflügte den Schnee, und den Wegen mangelte es an Spuren.

Die Kinder fragten oft nach Menschen.

Bald ist Weihnachten, sagte die Frau. Weihnachten ist ein Fest, da kommen alle nach Hause. In der Küche brutzelt der Gänsebraten, die gute Stube duftet nach Tannengrün und Pfefferkuchen, so ist nun mal Weihnachten, und niemand kann es ändern.

Elf Monate lebte sie allein mit den Kindern in der verlassenen Landschaft. Das Haus hatte sie leidlich aufgeräumt, jene Fenster vernagelt, denen es an Glas fehlte, das Gerümpel in den Stall getragen und zwei Stuben so hergerichtet, daß sie wohnlich aussahen wie früher, als es noch Menschen gab. In der warmen Jahreszeit hatte sie Kartoffeln gepflanzt, geerntet und zusammengetragen, was der Sommer bereithielt. Vor allem aber hatte sie gewartet, auf die Menschen aus dem Dorf, auf den Mann, der vor Jahren davonmarschiert war und nun, vielleicht zum Fest, heimkehren müßte.

Wenige Tage vor Weihnachten fiel ihr ein: Ach Gott, wir haben keine Kerzen! Na, das wird eine schöne Bescherung, Weihnachten ohne Licht!

An Christbaumschmuck mangelte es übrigens auch.

Wir werden suchen gehen, sagten die Kinder.

Sie nahmen den Schlitten mit, denn wer weiß, vielleicht fanden sie außer Kerzen und Baumschmuck auch große bedeutende Gegenstände, eine Standuhr oder ein Butterfaß, einen Stiefelknecht oder Kochtöpfe.

Und denkt auch an Streichhölzer! rief die Mutter ihnen nach.

Sie mieden die leeren Häuser des eigenen Dorfes, denn sollten die Menschen, denen die Häuser gehörten, tatsächlich heimkehren, würden sie die Kerzen, sofern es sie gab, selber brauchen. Sie wanderten zu den Abbauten, die wie erfroren in der Landschaft lagen, besuchten die Nachbardörfer, von denen sie wußten, daß es ihnen auch an Menschen fehlte. Sie kannten die Gehöfte vom Sommer her, als sie in den verwilderten Gärten Obst geerntet und aus den Kellern die Kartoffeln des vorigen Herbstes geholt hatten. Auch waren sie auf der Suche nach Salz, Schuhwichse und Hosenknöpfen gewesen und hatten erfahren, welche Häuser ihnen verboten sind. Dort lag ein Toter, hatte sich lang über die Schwelle gelegt und ließ keinen eintreten. Das Mädchen sagte, es sei verboten, über einen Toten hinwegzusteigen, um in seinem Haus Kerzen zu suchen. Deshalb mieden sie sein Anwesen wie alle Häuser, die nach Fäulnis stanken. Im Sommer hatte sie der Verwesungsgeruch oft vertrieben, der von verendeten Kühen und Schweinen kam, die auf Hofplätzen, in Ställen und Wohnstuben lagen. Nun hatte der Winter der Fäulnis den Atem genommen. In der klaren Luft war das Modernde, Stinkende erstarrt, und der Wind hatte Zuckerguß in die offenen Stuben gekrümelt.

Streichhölzer wären das schönste Geschenk für Mutter, sagte der Junge. Damit sie nachts nicht immer aufstehen muß, um das Feuer zu halten.

Das Feuer war ihre große Sorge. Brennholz gab es im Überfluß, auf den Höfen standen die Kegel gespaltenen Holzes, ofenfertig. In den Schuppen lagerten, säuberlich geschichtet, die Briketts der letzten Zuteilung. Niemand brauchte zu frieren in dieser Verlassenheit, nur an einer Kleinigkeit fehlte es, an Streichhölzern.

Bei ihren ersten Streifzügen hatten die Häuser sie erschreckt. Mit angehaltenem Atem waren die Kinder über die Schwelle getreten, in ständiger Furcht, es könnte etwas umfallen, ein Balken einstürzen, ein böser Geist aus dem Unrat fahren, ein Mensch schreien, ein Tier sich auf sie stürzen. Bald gewöhnten sie sich an den immer gleichen Anblick, betraten ohne Furcht die fremden Räume, stiegen hinab in die finsteren Keller, kletterten auf Dachböden, um Eßbares zu suchen und Anziehbares.

Die Häuser hatten eines gemeinsam: Ihnen fehlte jede Geborgenheit. Geborstene Türen, den Fenstern das Glas genommen, Stühle, Tische, Schränke umgekippt, die Betten geschlitzt. Die verstreuten Daunen deckten den Unrat oder trieben, vom Wind bewegt, wie Schneeflocken durch die Räume. Fußböden und Gebälk zeigten Einschüsse. Rote Wandmalereien aus dem ältesten aller Farbtöpfe namens Blut. Einen Kachelofen hatte es in Stücke gerissen, der Chaiselongue waren die Bezüge abhanden gekommen. Wo Großvater Mittagsstunde gehalten hatte, lag eine tote Katze, das heißt, sie fanden nur die verblichenen Reste des weißbraunen Katzenfells.

Mit einer Forke kehrten sie den Unrat zur Seite, suchten Kerzen und Christbaumschmuck. Sie richteten umgekippte Küchenschränke auf, kramten in zerbrochenen Schrankfächern und Speisekammern, die ihren Namen zu Unrecht trugen. Das Mädchen fand ein Bild ohne Glas, das eine hügelige Landschaft mit tropischen Bäumen zeigte.

In solchen Gegenden wachsen Korinthen, behauptete es und nahm das Bild an sich.

Unter einer umgestürzten Ofenbank lagen Schlittschuhe, der sehnlichste Weihnachtswunsch früherer Jahre, der keine Erfüllung fand, weil das Eisen anderweitig gebraucht wurde. Nun bedeuteten sie nichts mehr. Sollten sie mit Hasen und Krähen auf dem See um die Wette laufen? Ja, wenn die anderen kämen, die Schlittschuhläufer und Schienchenfahrer, wenn es wieder so wäre wie vor einem Jahr, als es noch Menschen gab, die Kinder sich auf dem Eis versammelten und die Holzfuhren in der Abenddämmerung heimwärts schaukelten.

Sie betraten einen Stall, der seinen Geruch verloren hatte. Rostende Kuhketten. In der Tränke gluckerte kein Wasser, keine Fliegenschwärme erhoben sich. Sie kletterten die Leiter hinauf zum Heuboden, der in jeder Jahreszeit dunkel ist, aber im Dezember geradezu in Düsternis ertrinkt.

Mit der Forke stocherten die Kinder im Heu, bis es klang, als hätten die Zinken Metall getroffen. Sie wühlten das Heu zur Seite und gruben eine Holzkiste aus, metallbeschlagen und zugenagelt. Das Mädchen umarmte das Holz.

Es riecht nach Rauchwurst. Bestimmt sind auch Gläser mit eingemachten Klopsen drin, vielleicht sogar Korinthen. Als Papa aus Griechenland auf Urlaub kam, gab es zum letztenmal Brotsuppe mit Korinthen.

Sie wollten die Kiste aufbrechen, aber es gelang nicht. Darum legten sie sie in Ketten und ließen sie behutsam die Leiter hinunter. Als das schwere Stück auf dem Stallboden aufsetzte, schepperten die Einmachgläser.

Wenn wir Wurst haben, brauchen wir keine Kerzen, sagte der Junge, als sie die Kiste mit einer Kuhkette auf den Schlitten banden und beschlossen heimzukehren.

Bevor sie ihr Dorf erreichten, hörten sie Hundegebell. Oder waren es Wölfe? Die Mutter hatte ihnen erzählt, wenn die Menschen nicht bald heimkehrten, würden die Wölfe kommen. In alten Zeiten, als dieses Land Wildnis war, gehörte es den Wölfen. Wenn die Wildnis wiederkehrt, kommen auch die Wölfe.

Vor einem Bauernhaus hielt ein Fuhrwerk. Zwei magere Kühe standen im Geschirr, ein schwarzer Hund, mit einem Strick ans Hinterrad gebunden, sprang kläffend um den Wagen, der mit einer Plane bedeckt war und den Flüchtlingswagen glich, die vor einem Jahr vorübergezogen waren, als es noch Menschen gab.

Eine junge Frau trat vor die Tür und entleerte einen Eimer. Als sie die Kinder sah, rief sie nach ihnen, aber die verstanden ihre Sprache nicht, und weil es so fremd klang und alles Fremde Angst einflößt, rannten sie weg.

Es sind nicht die Unsrigen, es sind Fremde, sagte die Mutter. Wenn die Unsrigen nicht bald heimkehren, werden sich die Fremden alles nehmen, oder es kommen die Wölfe.

Die Kinder trugen die Kiste in die Stube. Als sie sie aufbrechen wollten, sagte die Mutter, es sei ein Weihnachtsgeschenk, das erst am Heiligen Abend geöffnet werden dürfe. Sie versteckten die Kiste unter der Fichte, die die Mutter geschlagen hatte und die im Flur stand und abtaute. Aber sie sprachen jeden Tag von den schönen Dingen in der Kiste, vor allem zu den Mahlzeiten. Sie spürten alle, auch die Mutter, daß die Kiste nach Rauchwurst duftete. Auch strömte der süßliche Duft von Korinthen aus den Ritzen des Holzes.

In der Nacht vor Weihnachten stand die Mutter wie

immer auf, um die Glut im Ofen zu halten. Bevor sie sich hinlegte, kam sie zu den Kindern. Frau Holle schüttelt die Betten aus, sagte sie.

Morgens stand der Baum in der Stube, ohne Lametta, ohne Kerzen. Warum gab es keinen Weihnachtsschmuck?

Es nimmt doch keiner Glaskugeln und Strohsterne mit auf die Flucht, wunderte sich die Mutter.

Die Kinder erinnerten sich nicht, jemals auf ihren Streifzügen Weihnachtliches in den Häusern gesehen zu haben. Weihnachten war spurlos verschwunden, einfach so. Und wer weiß, ob es je wiederkehrt.

Willst du nicht zu den Fremden gehen? fragte Erika, als es Nachmittag wurde und der Heilige Abend vom Waldrand heraufzog.

Was soll ich ihnen sagen? antwortete die Mutter. Es sind Fremde, und ich verstehe ihre Sprache nicht.

Das Haus, in das die Fremden gezogen waren, lag wie unbewohnt da. Seine Fenster waren befroren, der Planwagen stand eingeschneit vor der Tür. Der schwarze Hund gab keinen Laut von sich, auch schwiegen die Wölfe am Heiligen Abend.

Sie werden schlafen, sagte die Mutter. Ja, sie haben eine weite Reise hinter sich und werden lange schlafen.

Als die Dämmerung die Straße heraufschlich, früher als sonst, kam die Zeit, die Kiste aufzubrechen. Die Mutter öffnete die Ofentür. Ein rotes Flackern erfüllte die Stube, spiegelte sich im Fensterglas, warf den Schatten der Fichte an die gegenüberliegende Wand.

Wißt ihr noch, wie wir vor einem Jahr mit den Soldaten gefeiert haben? sagte die Mutter. Na, von denen lebt auch keiner mehr.

Im Schein des Feuers las sie die Weihnachtsgeschichte. Als sie die Stelle las, an der es heißt, daß ein jeglicher in seine Stadt kommt, stockte sie.

Ich denke, sie werden kommen; wenn nicht Weihnachten, dann kommen sie nie mehr.

Bevor sie weiterlesen konnte, fragte Peter nach dem Vater.

Auch er wird kommen, sagte sie.

Erika holte das Bild von den griechischen Hügeln, stellte es so auf die Fensterbank, daß die ferne Landschaft in rotes Licht getaucht wurde.

Das Schönste am Weihnachtsfest ist, daß wir Frieden haben, sagte die Mutter.

Woher weißt du, daß Frieden ist?

Man kann es hören. Es wird nicht geschossen, es rasen keine Flugzeuge über den Himmel, es ist so still, wie nur Frieden sein kann.

Vielleicht denken wir nur, daß Frieden ist, weil wir allein sind, sagte Erika. Wo es keine Menschen gibt, ist doch immer Frieden.

Die Mutter wünschte sich das Lied »O du fröhliche«. Als sie geendet hatten, holte sie das Beil und schlug in das gelbe Holz der Kiste. Wieder schepperten die Einmachgläser.

Irgendwo trägt irgend jemand den Schlüssel zu dieser Kiste in seiner Hosentasche, sagte die Mutter. Aber er ist nicht da, vielleicht ist er tot und begraben mitsamt seinem Schlüssel. Also müssen wir das Beil nehmen.

Als erstes sahen sie Stroh.

Ach, das schöne Kristall! rief die Mutter, als sie ein Stück Glas aus dem Stroh wickelte. Sie hielt es gegen das Licht, augenblicklich erstrahlte die Stube in rötlichem Glanz. Weingläser, eine Obstschale, eine Vase mit Ornamenten, eine Karaffe. Stück für Stück nahm die Mutter die gläsernen Gegenstände aus der Kiste, betrachtete sie vor dem Feuer, reichte sie weiter an die Kinder, die sie befühlten und behutsam auf die Fensterbank stellten.

Wie kalt doch Kristall ist, sagte Peter.

Aber kostbar, antwortete die Mutter. Die Gläser sind bestimmt tausend Mark wert.

Nur essen kann man sie nicht, erwiderte Erika.

Die Mutter verteidigte die schönen Gläser.

Wurst und Speck hätten wir schnell aufgegessen, das Kristall bleibt uns immer.

Gab es jemals ein Weihnachtsfest mit soviel Glanz? Auf der Fensterbank stand das Kristall, das Feuer brach sich in dem Glas und erfüllte den Raum mit einem geheimnisvollen Licht. Auch nachts, als die Mutter aufstand, um die Glut zu halten, leuchtete das Kristall.

Am Weihnachtsmorgen klopfte es an der Haustür. Die Mutter faltete vor Schreck die Hände. Als es wieder klopfte, band sie die Schürze ab und ging zur Tür.

Auf der Schwelle stand die junge Frau. Sie trug ein Kind auf dem Arm, in der Hand hielt sie ein Blecheimerchen, so ein Gefäß, in dem die Krämer früher Heringe oder Marmelade feilboten. Sie überfiel die Mutter mit einem Redeschwall in der fremden Sprache.

Die Mutter bat sie einzutreten. In der Stube bewunderte die junge Frau den schmucklosen Baum und sprach mit dem kleinen Kind in der fremden Sprache. Dann reichte sie der Mutter das Blecheimerchen, es war randvoll mit Milch.

Die Mutter bedankte sich überschwenglich. Sie schüttete die weiße Flüssigkeit in eine Kristallschale, weil sie kein anderes Gefäß zur Hand hatte. Als sie der Frau das Eimerchen zurückgab, ging die zum Ofen und gab zu verstehen, daß sie Feuer brauche. So also stand es um die Fremden, in der Heiligen Nacht war ihnen das Feuer ausgegangen.

Die Mutter kniete vor der Ofentür, gab mit der Zange Glut in den Blecheimer, legte Kienspäne dazu, um das Feuer zu halten. Die junge Frau küßte Mutters Hand.

Die Kinder gingen mit der fremden Frau und halfen ihr, das Feuer zu tragen. Unterwegs schwiegen alle, denn sie verstanden die Sprache nicht. In dem Haus, das die Fremden sich genommen hatten, saß ein altes Ehepaar, behängt mit vielen Kleidungsstücken, und wartete auf Feuer. Einen jüngeren Mann gab es nicht. Der wird wie alle Männer seines Alters unterwegs gewesen sein, gefangen oder gefallen, jedenfalls nicht da oder, wie der Vater, auf den griechischen Hügeln. Die junge Frau gab trockenes Tannenreisig in den Ofen, schüttete Glut auf und pustete, bis die Flammen zu züngeln begannen. Die beiden Alten schlugen das Kreuz.

Später erfuhren sie, daß das kleine Mädchen Danuta hieß und der schwarze Hund auf den Namen Piontek hörte. Die beiden Alten hockten ständig am Ofen und beteten viel. Am Tage nach Weihnachten backte die junge Frau Brot.

Im neuen Jahr geschah es, daß Uniformierte ins Dorf kamen, um der Mutter zu sagen, sie müsse in zwei Stunden ihr Haus verlassen, auch das Dorf, ja das ganze Land. Es sei, wie in der Weihnachtsgeschichte geschrieben, ein Gebot ausgegangen, wonach ein jeglicher in sein Land fahren müsse. Mutters Land sei woanders.

Als sie gegangen waren, packte die Mutter das Kristall in die Kiste. Sie trugen es gemeinsam zu der fremden Frau. Wortlos legte die Mutter ihr die funkelnden Gläser auf den Tisch. Die Frau betrachtete die kostbaren Stücke, dann holte sie zwei Brote und eine Seite Räucherspeck aus der Kammer.

Wenigstens verhungern werden wir nicht, wenn wir nach Deutschland reisen, sagte die Mutter, als sie in der Stube saßen und auf das Fuhrwerk warteten, das sie zur Eisenbahn bringen sollte. An jenem Tag ließ die Mutter das Feuer ausgehen.

Hat der Weihnachtsmann
Telefon?

»Wir werden die Kerzen anzünden«, sagte sie zu dem Kind.

Sieben Lichter waren genug für den kleinen Baum. Rot sahen sie aus, und als sie brannten, tauchten sie die Stube in goldgelbes Licht.

Das Telefon läutete. Bevor die Frau den Hörer abnahm, stellte sie die Musik leiser.

»Fröhliche Weihnachten!« rief sie in den Apparat.

Niemand antwortete. Erst Meeresrauschen, dann ein Stimmengewirr.

»Digame!« meldete sich eine Stimme.

Die Frau legte den Hörer auf. Als Anna sie erwartungsvoll anschaute, sagte sie: »Der Weihnachtsmann hat sich wohl verwählt.«

Das Kind saß auf dem Fußboden und schaute zu den flackernden Kerzen. »Hat der Weihnachtsmann Telefon?«

»Die meisten Leute haben Telefon, warum nicht auch der Weihnachtsmann«, antwortete die Frau. »Er kann die vielen Kinder nicht alle besuchen, darum braucht er ein Telefon.«

Sie drehte die Musik lauter, setzte sich in Reichweite des Telefons vor den geschmückten Baum, steckte eine Zigarette an, blies den Rauch in die Zweige, so daß die Strohsterne zu tanzen begannen. Auch das Lametta raschelte, vereinzelt fielen Tannennadeln auf das unter dem Baum ausgebreitete Silberpapier.

»Ist überall Weihnachten?« fragte Anna.

»Ja, auf der ganzen Welt, bei den Eskimos und den Pinguinen, alle feiern Weihnachten.«

Wieder läutete es. Die Frau riß den Hörer an sich. »Hallo, wer ist da?«

Diesmal kein Meeresrauschen. Jemand atmete schwer. Im Hintergrund Weihnachtsmusik, schrill und blechern wie von einer alten Schallplatte.

»La comunicación está cortado!« meldete sich eine Frauenstimme, und schon war die Leitung tot.

»Florians Vater sagt, es gibt Länder, in denen ist es Weihnachten so heiß, daß die Leute in Badehosen feiern müssen.«

»Ja, in Argentinien und Brasilien kann es sehr heiß sein«, antwortete die Frau. »Auch in Australien fällt Weihnachten in die Sommerzeit, und Schnee gibt es da überhaupt nicht.«

»Florians Vater fährt oft mit seinem Schiff in heiße Länder, er ist nämlich Kapitän.«

Die Frau drückte die Zigarette aus und legte eine neue Platte auf.

»Nasch nicht soviel vom bunten Teller, davon bekommst du Zahnschmerzen!«

»Wie spät ist es jetzt in Argentinien?« fragte das Kind.

»In Argentinien sitzen die Leute gerade beim Frühstück, es ist bestimmt sehr heiß.«

»Florians Vater sagt, daß er Weihnachten immer nach Hause kommt.«

»Du sollst nicht soviel vom bunten Teller naschen!«

»Florians Vater läßt sein Schiff so schnell fahren, daß es spätestens am Heiligen Abend im Hafen anlegt. Er kann das, er ist nämlich Kapitän.«

»Es gibt aber Menschen, die können Weihnachten

nicht zu Hause feiern, auch wenn sie es gern wollten«, antwortete die Frau.

»Was ist ein Banause, Mama?«

»Ein Taugenichts.«

»Florians Vater sagt, ein Vater, der Weihnachten nicht zu seinen Kindern kommt, ist ein Banause.«

Die Frau drehte den Schraubverschluß von der Flasche.

»Hat Papa Weihnachten auch getrunken?«

»Weihnachten war der einzige Tag, an dem er nicht getrunken hat«, antwortete die Frau leise. Sie überlegte noch, ob sie sich ein Glas holen sollte. Aber warum so viele Umstände? Sie trank einen Schluck aus der Flasche, wischte sich den Mund, das Kind starrte sie an, die Kerzen flackerten, die Strohsterne tanzten, das Lametta raschelte, und die Frau griff nach einer Zigarette.

Als das Telefon wieder Laut gab, rannte das Kind zum Apparat. »Hier ist Anna! Bist du der Weihnachtsmann?«

Während die Frau mit der Zigarette beschäftigt war, hörte sie Anna plappern: »Ein Bilderbuch ..., ein schönes blaues Kleid ..., eine Schleife ..., einen bunten Teller ...«

Sie trank wieder und schüttelte sich.

»... Es liegt viel Schnee im Garten ... Gestern war ich mit Mama zum Rodeln im Stadtpark ...«

Die Frau verließ den Raum. Im Badezimmer rauschte die Spülung, Wasser plätscherte ins Waschbecken.

»... Viel Lametta und Strohsterne und sieben rote Kerzen und an der Spitze eine goldene Schleife ...«, hörte sie das Kind sagen. »Ja, ziemlich groß ... Ungefähr so groß wie Florians Vater.«

Die Frau legte die Hand auf die Telefongabel und unterbrach das Gespräch. Anna klammerte sich an den Hörer.

»Der Weihnachtsmann kann wirklich telefonieren«, sagte sie. »Es war auch eine Frau bei ihm, die hat felice navidad gesagt.«

Als die letzte Kerze erloschen war, trat sie mit dem Kind auf den Balkon. Sie zählten die Lichter in den anderen Häusern und sprachen über den Schnee, der nur hier und nicht in Argentinien oder Australien auf die Dächer fällt.

»Wollen wir auch dahin fahren, wo Weihnachten in der Badehose gefeiert wird?« fragte Anna.

»Nie und nimmer fahren wir in eine solche Gegend«, antwortete die Mutter. »Richtiges Weihnachten gibt es nur bei uns, wenn es kalt und dunkel ist, und manchmal fällt sogar Schnee.«

Olalia die Kräuterhexe

Nach dem Mittagessen spannte Alex die Pferde an und blieb bei ihnen, weil sie unruhig mit den Hufen scharrten. Auch die Tiere wußten um Weihnachten. Eine Stunde Schlittenfahrt zur Kirche, so begann unser Fest. Aufbruch bei Tageslicht und die Heimkehr im Dunkeln, wenn in den Stuben die Tannenbäume leuchteten. In ihrer Kinderzeit sei es vorgekommen, daß es an Schnee mangelte und sie mit der Kutsche zur Kirche fahren mußten, erzählte Mutter. Später habe es immer reichlich Schnee gegeben, so daß sie sich den Weihnachtssegen per Schlitten abholen konnten.

Alex paffte vorn auf dem Bock seine Pfeife. Die Kinder saßen hinter ihm. Vater zündete sich, vor dem Haus stehend, eine Zigarre an, die reichen sollte bis zur Stadt. Mutter verließ als letzte das Haus. Sie schloß ab, verwahrte den Haustürschlüssel in ihrem Pelzmuff und ließ sich von Vater in den Schlitten helfen. Er wikkelte ihre Beine in eine Wolldecke, setzte sich neben Mutter, paffte Rauchkringel in die Winterluft und sagte: »Meinetwegen kann Weihnachten anfangen.«

Rex stürzte aus seiner Hütte und zerrte heftig an der Kette.

»Du mußt auf den Hof achtgeben!« rief Vater ihm zu. »Wenn wir zurückkehren, kriegst du einen dicken Knochen.«

Die Pferde ruckten an, die Kufen knirschten, Schneeplacken polterten gegen das Vorbrett. Zwei Glöckchen, die Alex am Zaumzeug der Tiere angebracht hatte, begannen zu bimmeln. Die Kinder lugten an Alex vorbei nach vorn, wo die Pferdeleiber dampften und es wie Rauch aus den Nüstern schoß.

»Wenn wir aus der Kirche kommen, gibt es einen schönen Braten«, versprach die Mutter. »Und nach dem Essen kommt hoffentlich der Weihnachtsmann.«

Die Kinder hätten es gern in anderer Reihenfolge gehabt, aber die Mutter behauptete, so sei es immer gewesen: erst das Festessen, dann die Bescherung. Sie hielt sich bis zur Chaussee mit ihrem Weihnachtsbraten auf, erklärte seine Zutaten, die Vor- und Nachspeisen, vergaß auch nicht, die Flasche zu erwähnen, die sie in den Schnee gestellt hatte und die Alex als erstes, sofort nach der Heimkehr, in die Stube holen sollte.

»Hoffentlich geht der Ofen nicht aus«, sorgte sie sich. »Den Heiligen Abend in einer kalten Stube verbringen ist schlimmer als trocken Brot essen.«

Die Landschaft war wie ein Blatt Papier, sogar Bäume und Sträucher besaßen die weiße Farbe. Die Schneeschanzen neben der Chaussee spiegelten das Licht wider, das die Abendsonne über die Hänge warf. Schwarz sahen nur die Krähen aus, die in den Alleebäumen saßen, außerdem Mutters Pelzmütze und die Pferde vor dem Schlitten. Sie keuchten heißen Atem, der an ihren Mäulern zu Rauhreif gefror. Die Kinder hörten das Knirschen der Sielen, rochen ihren Schweiß und den schwarzen Knaster aus Alex' Pfeife.

Als die ersten Häuser der Stadt auftauchten, der Kirchturmhelm sich schon verneigte, um sie zu begrüßen, kam ihnen eine Gestalt entgegen, mitten auf dem Weg. Sie machte keinerlei Anstalten, dem Schlitten auszuweichen, so daß Alex anhalten mußte. Die winzige Person war schwarz gekleidet wie die Krähen, sie hatte einen Krückstock in der Hand, trug einen Beutel auf dem Rücken und ging vornübergeneigt, als suche sie etwas, das sie auf der Straße verloren hatte. Als sie vor ihnen stand, hob sie grüßend die Krücke.

Es war Olalia, die Kräuterhexe, von der die Leute erzählten, sie sei zur Hälfte Zigeunerin und zur anderen Hälfte mit dem Teufel verwandt. Jedermann ging ihr aus dem Wege, weil sie einen bösen Blick hatte und eine sonderbare Sprache, in der sie Verwünschungen oder Segenssprüche von sich geben konnte, ohne daß jemand sie verstand. Nur Schwerkranke riefen, wenn nichts mehr half, nach der Olalia, um sich von ihr heilende Kräuter zubereiten zu lassen, die das Wasser vom Herzen nahmen, der Gicht Einhalt geboten und den Hexenschuß besiegten. Der Beutel auf ihrem Rücken war in Wirklichkeit ein Buckel, und Alex behauptete, darin bewahre die Olalia die Goldmünzen auf, die sie in ihrem langen Leben zusammengebettelt habe. Weil Gold so schwer wiege, gehe sie tief gebeugt.

»Was treibst du dich Weihnachten auf der Straße rum?« fragte Vater die Olalia, die ziemlich hilflos und durchfroren aussah. Ihren Kopf hatte sie in ein schwarzes Wolltuch gewickelt. In der Hand trug sie ein Täschchen, in dem sie aufbewahrte, was sie besaß, auch ihre Kräuter und Zaubermittel. Alle Kleidung, die ihr gehörte, hatte sie angezogen. Sie trug Stiefel, deren Fell nach außen gekehrt war, und Handschuhe, groß wie Dachziegel.

»Lieber Bauer«, sagte die Olalia, »Wälder und Felder sind verschneit, sie geben an Kräutern und Wurzeln nichts her, wovon ich satt werden könnte. Ihr habt doch ein gutes Herz und werdet einem armen Christenmenschen ein warmes Essen zum Fest bereiten.«

Vater und Mutter blickten sich an.

»Wie du siehst, sind wir auf dem Weg zur Kirche«, antwortete Vater.

»Da komm' ich gerade her«, antwortete die Olalia, »aber unsere Kirchen füttern die hungernden Menschen auch nur mit schönen Worten statt mit warmer Suppe.«

Vater kratzte sich den Kopf.

»Wenn du warten willst, bis wir heimkehren, werden wir dich mitnehmen und dir ein Essen vorsetzen. Aber es wird an die zwei Stunden dauern, und ich denke, du wirst zum Eiszapfen erstarren, wenn du so lange auf der Straße zubringst.«

Olalia verneigte sich tief und versprach zu warten.

Als sie einen Steinwurf entfernt waren, begann Vater zu schimpfen. Der Kräuterhexe am Weihnachtstag zu begegnen bedeute Unglück, behauptete er. Da hätte er lieber einen Wolf getroffen oder eine schwarze Katze, die von rechts nach links über die Straße lief, oder sonst ein Gespenst.

»Wir konnten es ihr nicht abschlagen«, erklärte Mutter. »Es ist alter Brauch, daß man Weihnachten einen Armen zu Tisch bittet, um die Saat zu schützen und die Tiere gesund zu halten.«

»Wenn ich es ihr abgeschlagen hätte, wäre sie imstande gewesen, mir etwas Böses anzuhexen«, meinte Vater. »Vielleicht eine Woche Kreuzschmerzen oder die Wassersucht.«

Ärgerlich warf er den Zigarrenstummel in den Schnee. Recht war es ihm nicht, daß ihm das zahnlose, bucklige Weib am Heiligen Abend über den Weg gelaufen kam, und die Aussicht, mit der Olalia gemeinsam am Festtisch zu sitzen, verdarb ihm den Appetit.

»Manchmal wandert der Herr zu Weihnachten durch

die Welt, klopft an die Türen, um zu prüfen, ob die Menschen gut sind«, sagte Mutter.

»Das glaube ich nie und nimmer, daß der Herr Jesus sich in so ein häßliches Weib verwandelt«, schimpfte Vater. »Die Olalia steht eher mit dem Schwarzen im Bunde.«

Er hoffte sehr, daß sie es keine zwei Stunden in der Winterkälte aushalten und sich eine andere Stelle suchen würde, um ein warmes Essen zu bekommen.

Am Kirchplatz legte Alex den Pferden Heu vor. Vater winkte einen der Jungen heran, die da herumlungerten und auf Weihnachten warteten.

»Du bekommst einen Dittchen, wenn du auf die Pferde achtest«, sagte er, denn Alex sollte auch die Weihnachtsgeschichte hören und für eine Stunde seine Pfeife ausgehen lassen.

In der Kirche begriffen sie sofort, daß der Herr Jesus sich bestimmt nicht in eine bucklige alte Frau verwandeln würde, denn sie sahen ein ungewöhnlich schönes Kind mit runden Pausbacken, das in einer Krippe lag und sich von den himmlischen Heerscharen mit Hosianna-Gesängen in den Schlaf singen ließ. Die Kinder dachten an die steifgefrorene Olalia, stellten sie sich als Rieseneiszapfen vor oder als Schneefrau, der ein Buckel aus Eis gewachsen war. Vater schien auch nicht ganz bei der Sache zu sein, er beschäftigte sich mehr mit der Kräuterhexe als mit dem lieben Jesulein.

»Zurück sollten wir durch den Wald fahren«, flüsterte er Mutter zu.

Der Pfarrer sprach davon, daß niemand sein Herz verschließen dürfe und einige in der Heiligen Nacht Engel beherbergt hätten. Die Kinder stellten sich die Olalia als Engel vor, der mit mächtigen Flügeln und wehendem Haar durch den Rauchfang saust und sich im Tannenbaum niederläßt.

»Du hast es ihr versprochen«, flüsterte Mutter. »Wir müssen den gleichen Weg fahren, sonst gibt es ein Unglück.«

Sie bekamen den Weihnachtssegen und der Junge auf dem Marktplatz seinen Dittchen. Als sie die Stadt verließen, kam die dunkle Nacht über die verschneiten Felder. Alex zündete seine Pfeife an, und Vater hängte die Laterne an den Schlitten. Die Pferde brauchten keine Peitsche, sie kannten den Heimweg und wußten um Weihnachten. Alex fuhr den Weg, den sie gekommen waren, die Kinder warteten auf einen Eiszapfen namens Olalia.

»Halt mal an!« rief Vater, als sie die Stelle erreichten, an der ihnen die Kräuterhexe begegnet war. Er sprang ab, suchte im Graben und rief zweimal ihren Namen, bevor er Alex ein Zeichen zum Weiterfahren gab.

»Die Bescherung haben wir überstanden«, erklärte er erleichtert. »Ich habe es gleich gesagt, zwei Stunden in der Kälte hält kein Mensch aus.«

Die Kinder waren ein wenig enttäuscht, denn sie hätten sich gern die Olalia aus der Nähe angesehen. Es wäre auch nicht schlimm gewesen, mit ihr gemeinsam am Festtisch zu sitzen. Nun hofften sie, die Olalia einzuholen. Sie wird, um nicht zu erfrieren, weitergelaufen sein und am Dorfeingang auf den Schlitten warten, dachten sie. Aber sosehr sie auch Ausschau hielten, kein schwarzes Täschchen lugte aus den Schneewehen, kein Engel schwebte über der Chaussee, statt der Hosianna-Gesänge spektakelten Krähen in den Alleebäumen.

Als der Schlitten von der Chaussee auf die Dorfstraße bog, hielt Alex an und nahm die Pfeife aus dem

Mund, was er nur tat, wenn ihm ein Schreck in die Glieder gefahren war.

»Hat man so was schon gesehen!« rief er und zeigte mit der Peitsche zum Hof.

Das Haus war erleuchtet. In allen Stuben brannte Licht, sogar im Kuhstall schimmerten die Laternen, aus dem Schornstein flüchteten unzählige Funken in den Nachthimmel. Es sah so aus, als feierten sie ein großes Fest.

»Ich könnte schwören, das Licht ausgeschaltet zu haben«, sagte Mutter.

Alex gab den Pferden die Peitsche. In wilder Fahrt ging es durchs Dorf. Rex müßte sie kläffend an der Auffahrt begrüßen, aber er gab keinen Laut von sich.

»Hast du vergessen abzuschließen?« fragte Vater ärgerlich.

Mutter reichte ihm den Haustürschlüssel. Mit dem Schlüssel in der einen Hand, die Peitsche in der anderen, stürmte Vater dem Eingang zu. Er wollte die Tür aufstoßen, aber sie war abgeschlossen. Er öffnete und ging vorsichtig ins Haus, Alex folgte ihm mit einer Forke in der Hand.

»Ist da einer?!« hörten sie ihn rufen.

Auch Mutter stieg nun vom Schlitten, nahm die Kinder an die Hand und eilte der Tür zu. Wärme schlug ihnen entgegen, auch ein Duft von Tannengrün und Bratäpfeln. Plötzlich tauchte Rex auf. Schuldbewußt strich er um ihre Beine, er sah verschlafen aus, satt und träge.

»Na, was hast du erlebt, Rex?« fragte Mutter. »Man sieht dir an, daß du deinen Weihnachtsbraten schon gehabt hast.«

Mutter suchte als erstes die Küche auf.

»Der Braten liegt noch im Backofen!« rief sie. »Nur ein Laib Brot und zwei Äpfel sind verschwunden.«

Alex holte die Flasche aus dem Schnee und nahm auf den Schreck erst mal einen Schluck. Dann spannte er die Pferde aus. Als er ins Haus kam, sagte er, daß es im Stall nicht mit rechten Dingen zugehe. Alle Raufen voller Heu, jemand habe die Kühe gemolken und die Milch in Kannen aufbewahrt.

»Es sollte mich nicht wundern, wenn die Kräuterhexe das angestellt hat!« sagte Vater.

»Weihnachten ist alles möglich«, meinte Mutter. »Da kommen die Engel durchs Schlüsselloch, und die guten Geister fliegen durch den Schornstein.«

Wärme im ganzen Hause. Die Kachelöfen waren mit Holzscheiten gefüllt, sogar im Küchenherd loderte ein mächtiges Feuer, so daß Mutter gleich beginnen konnte, das Weihnachtsessen zuzubereiten. Als sie den Braten auftrug, bemerkte sie, daß es recht anständig von der Olalia gewesen sei, nicht das Fleisch, sondern nur einen Laib Brot und zwei Äpfel mitzunehmen.

»Hier hat schon einer Weihnachten gefeiert!« rief Vater.

Die Tannenbaumkerzen waren zur Hälfte abgebrannt. Unter dem Baum fanden sie sonderbare Gegenstände, von denen keiner wußte, wie sie da hingekommen waren: ein Beutelchen Kautabak, eine Tüte mit Pfeffer, trockene Wacholderbeeren und ein Gewürzkraut, von dem Mutter sagte, es wachse im Heiligen Land, vielleicht sogar im fernen China, und helfe gegen Ohrensausen.

Danach war Weihnachten wie immer. Der Weihnachtsmann kam nach dem Essen und verteilte Geschenke. Als Mutter ihn fragte, ob er vor zwei Stunden schon einmal im Haus gewesen sei, schüttelte er heftig den Kopf. Kein buckliger Engel schwebte durchs Schlüsselloch, Rex schlief neben dem Kachelofen und winselte im Traum.

»Wenn er reden könnte, wüßten wir mehr«, sagte Vater.

Gegen Mitternacht ging Alex in den Stall, um zu hören, was die Tiere zu sagen hatten. In der Weihnachtsnacht reden sie ein Viertelstündchen mit menschlichen Stimmen, und Alex wollte erfahren, welch ein Wunder sich ereignet hatte. Als er wiederkehrte, lachte er nur. Sosehr die Kinder ihn auch bedrängten, er verriet nichts von dem, was die Tiere gesagt hatten.

Im Sommer besuchte Olalia den Hof, um Kräuter gegen Husten und Verstopfung zu verkaufen.

»Wie war das am Heiligen Abend?« fragte Vater. »Du wolltest doch auf der Chaussee warten, bis wir aus der Kirche kommen.«

Die alte Frau winkte ab und zeigte ihr zahnloses Lachen.

»Die Zeit wurde mir zu lang, da bin ich schon vorgegangen.«

»Also warst du in jener Nacht bei uns?«

»Als ich den Hof betrat, kam mir der Hund entgegengelaufen, er war sehr freundlich. Die Haustür sprang auf, eine junge Frau mit langem Engelshaar empfing mich auf der Schwelle. ›Tritt nur ein‹, sagte sie, ›es ist alles angerichtet.‹ Sie geleitete mich zum gedeckten Tisch, zündete die Kerzen an und legte mir vor: saftiges Bratenfleisch, Rotkohl, Kartoffeln und braune Soße. Während ich aß, saß sie mir gegenüber und lächelte mich an. Zum Schluß brachte sie mir ein Gläschen mit süßem Saft. Kaum hatte ich es ausgetrunken, fiel ich in Schlaf. Als ich aufwachte, lag ich in meiner Waldhütte. Weihnachten war längst vorüber.«

»So was kann nur Weihnachten passieren«, sagte Mutter.

Beim nächsten Weihnachtsfest warteten die Kinder auf Olalia und die Frau mit dem Engelshaar. Aber sie sind nie wieder erschienen.

Der alte Mann und
die Tanne

Am ersten Advent kamen die Bäume. Ein Lastwagen brachte sie zum Kaufhaus, zwei Männer umzäunten den Vorplatz mit gelben Bändern, warfen die Tannen von der Ladefläche in den Kral und fuhren davon. Der graue Platz versank in dunklem Grün, es duftete nach Wald und jenem klebrigen Harz, das aus den Schnittwunden des Holzes fließt. Kinder versammelten sich, Passanten prüften die roten Preisschildchen, die an den Baumspitzen flatterten, ein Leierkastenmann fand sich ein, spielte ohne aufzuhören »O Tannenbaum«. Der Verkäufer baute die Trommel auf, mit der er die Bäume in Netze schlagen wollte. Kaum hatte er den Propangaskocher angeworfen, um Glühwein zuzubereiten, erschien Walter Kossak.

»Schöne Bäume hast du wieder!« rief er dem Verkäufer zu. »Es ist nun schon das zehnte Jahr, daß ich bei dir kaufe. Immer bin ich mit deinen Bäumen gut gefahren.«

Er erzählte von seinem Nachbarn, dessen Baum schon am Heiligen Abend alle Nadeln verloren hatte.

»Aber deine Bäume sind in Ordnung«, lobte er. »Eine richtige Weihnachtstanne muß bis zum Drei-Königs-Tag die Nadeln halten.«

Sie sprachen über die Beschaffenheit der Weihnachtsbäume. Daß am Geruch zu erkennen sei, ob sie frisch geschlagen wurden. Und an den Schnittflächen.

Der Verkäufer schenkte in einen Pappbecher Glühwein ein, gemeinsam wanderten sie durch die Reihen, um Musterung zu halten, wie Walter Kossak es nannte. Er maß die Größe mit einem Zollstock, den er mitgebracht hatte, legte einen Bindfaden um die Zweige, weil er den Umfang feststellen wollte.

»Ein Baum darf nicht zu dick sein«, erklärte er. »Drei Meter Höhe muß er haben. Wer mit einer großen Familie Weihnachten feiert, braucht auch einen stattlichen Baum. Der Preis spielt keine Rolle, am Weihnachtsbaum darf der Mensch nicht sparen, sage ich immer.«

Das Aussuchen eines Baumes geriet wie in jedem Jahr zu einer zeitraubenden Prozedur. Nach einer Stunde hatte der Alte drei Tannen in engerer Wahl, konnte sich aber für keine entscheiden, weil jede auf ihre Art vollkommen war. Er überließ dem Verkäufer das letzte Wort. Der nahm den größten Baum und wollte ihn gleich ins Netz schlagen.

»Nur das nicht«, wehrte Walter Kossak ab. »Ich hole den Baum am Heiligen Abend. Ich zahle ihn dir heute, aber bis zum vierundzwanzigsten Dezember soll er an der frischen Luft bleiben. Es bekommt den Bäumen nicht, wenn man sie zu früh in die Stube holt.«

Der Alte bat darum, den Baum nicht in ein Netz zu pferchen, die Tage bis zum Fest sollte er frei und ungezwungen auf dem Platz stehen.

»In Ordnung«, brummte der Verkäufer, heftete ein Bändchen mit der Schrift »verkauft« an die Baumspitze und trug die Tanne in die hinterste Ecke des Krals.

Walter Kossak kam nun jeden Tag, um nach seinem Baum zu schauen. Wenn er seine Einkäufe erledigt hatte, besuchte er den Tannenbaumverkäufer, trank mit ihm ein Glas Glühwein und sprach über die Geschäfte und die Witterung.

»Du hast dir den schönsten Baum ausgesucht«, erklärte der Verkäufer. »Ich hätte ihn schon dreimal verkaufen können und werde ihn wohl an die Kette legen müssen, damit er nicht über Nacht gestohlen wird.«

Walter Kossak erzählte von früher, als er mit seinen Kindern in den Wald gegangen war, um den Baum fürs Fest eigenhändig zu schlagen.

»Damals gab es nur Fichten, später kamen Blautannen auf. Als die von Läusen befallen wurden, holten sie Nordmanntannen aus Dänemark.«

»Fichten will keiner mehr haben«, meinte der Verkäufer. »Es muß etwas Edles sein.«

»Ich finde, ein Weihnachtsbaum darf keine Stacheln haben«, sagte Walter Kossak. »Sieben Enkelkinder kommen zu Besuch, ich muß aufpassen, daß sie sich nicht an den Nadeln stechen. Vor Jahren lief unsere Jüngste die Weihnachtstage mit einem verbundenen Finger herum, seitdem gibt es für mich nur noch weiche Nadeln.«

Eines Morgens fanden sie die Stadt eingeschneit. Die Bäume lagen unter einer Schneedecke, und Walter Kossak erschien früh, um seine Tanne von der weißen Last zu befreien. Danach half er dem Verkäufer, die anderen Bäume freizuschaufeln, damit sie nicht erstickten.

»Ein Tannenbaumverkäufer, der bis über alle Ohren eingeschneit ist, betreibt ein totes Geschäft«, sagte er lachend.

Nach getaner Arbeit verschwand er im Kaufhaus, um Baumschmuck zu kaufen.

»Man kann so einen Baum nicht Jahr für Jahr mit den gleichen Dingen behängen«, erklärte er. »Die Kinder wollen mal was anderes sehen. Diesmal ist Rot dran, rote Kugeln, rote Äpfel, rote Kerzen. Die ganze Stube soll rot sein.«

Auf dem Rückweg zeigte er dem Verkäufer, was er eingekauft hatte.

»Elektrisches Licht kommt mir nicht in den Baum, ich bin nur fürs Echte. Natürlich muß ich aufpassen, daß die Kleinen sich nicht an den Kerzen verbrennen. Ich stecke sie immer weit nach oben, da kommen sie nicht ran ... Feuer darf es nicht geben. Ich kenne Leute, die stellen einen Eimer Wasser neben ihren Weihnachtsbaum, aber glaub mir, mit Wasser ruinierst du die ganze Wohnung. Das beste Mittel gegen Feuer im Tannenbaum ist eine alte Decke. Die wirfst du über die Flamme und erstickst das Feuer.«

Am Heiligen Abend um die Mittagszeit kam er, um seinen Baum zu holen.

»Ich bin in Eile!« rief er. »Meine Tochter sitzt mit ihren Kindern schon im Zug, der Junge kommt von London per Flugzeug, die anderen sind mit dem Auto unterwegs. Von allen Himmelsrichtungen kommen sie, ich bin schon ganz aufgeregt.«

»Ich mach' jetzt Feierabend«, erklärte der Verkäufer, nachdem er den Baum in ein Netz gezwängt hatte. »Ab vierzehn Uhr kauft kein Mensch mehr Tannenbäume.«

»Noch trage ich ihn allein«, meinte Walter Kossak. »Ich wohne parterre und werfe ihn von der Straße auf den Balkon. Dort setze ich ihn auf den Fuß und trage ihn ins Zimmer. Wenn ich den Baum nicht mehr schaffe, im nächsten Jahr vielleicht oder im übernächsten, werde ich dich bitten, ihn zu mir nach Hause zu bringen.«

»Das läßt sich machen«, erwiderte der Verkäufer.

Sie tranken den letzten Glühwein.

»Du warst mein erster Kunde und bist der letzte«, sagte der Tannenbaumverkäufer und lachte.

Wie immer waren ein paar Bäume übriggeblieben,

die der Verkäufer zusammengebunden und in eine Ecke geworfen hatte.

»Was wird aus denen?« fragte Walter Kossak.

»Die lade ich nach Weihnachten auf den Lastwagen und schaffe sie aus der Stadt. Entweder verbrenne ich den ganzen Haufen, oder ich werfe die Bäume in den Wald, wo sie verrotten können.«

»Verbrennen ist gut«, murmelte Walter Kossak. »Meinen holt nach Neujahr die Müllabfuhr, die verbrennt ihn auch.«

Sie tranken Glühwein und wünschten sich ein gutes Fest.

»Ich habe noch viel zu tun«, klagte der Alte. »Bis ich den Baum auf den Fuß gesetzt, gerichtet und geschmückt habe, vergehen anderthalb Stunden. Gegen vier Uhr kommt mein Besuch, drei Kinder und sieben Enkel. Die Stube wird voll, und alle freuen sich auf Opas Weihnachtsbaum.«

Er stapfte davon mit dem Baum auf dem Rücken. Der Verkäufer schaute ihm nach, bis der alte Mann in einer Nebenstraße verschwunden war. Dann zog er ein gelbes Band um die zurückgebliebenen Bäume, hängte das Pappschild »Geschlossen« davor und wanderte zu seinem Auto. Dort zählte er das eingenommene Geld, bevor er davonbrauste.

»Wie schnell das geht. Kaum hat Weihnachten angefangen, ist es schon vorbei.«

Am Tage nach dem Fest hielt wieder der Lastwagen vor dem Kaufhaus. Der Tannenbaumverkäufer warf die übriggebliebenen Bäume auf die Ladefläche und stockte, als er den schönen Drei-Meter-Baum sah, der in ein Netz geschlagen war und an dessen Spitze ein Bändchen mit der Aufschrift »verkauft« hing.

Der alte Kossak hat wohl keinen Besuch bekommen, dachte er. Der Mann warf den Baum aufs Lastauto, fegte die Nadeln zusammen, schaufelte sie in einen Sack, den er auch auf den Wagen hievte. Am 27. Dezember, nachmittags um fünfzehn Uhr, sah der Platz vor dem Kaufhaus wieder so aus, als wäre Weihnachten nie gewesen.

Weihnachten in Jokehnen

Und dann noch einmal Weihnachten. Es war alles wie früher: selbstgebackener Pfefferkuchen, Braten vom frisch geschlachteten Schwein, die üblichen Weihnachtsrationen an Schnaps und Tabak. Förster Wiehn brachte drei Tage vor dem Fest den Tannenbaum zu Steputat und holte sich dafür ein Schnapsche und eine Handvoll Zigarren. Wie in jedem Jahr schleppte er mit seinen Stiefeln Schneematsch in die zum Fest gerichtete Wohnstube, während sein Hund im Flur auf dem Läufer lag und abtaute. Die Schrotflinte hatte er neben sich in die Sofaecke gestellt. Förster Wiehn behauptete, zum Fest falle noch mehr Schnee. Aber es wird keinen strengen Winter geben. Das sagten ihm die Birkenknospen und die Baumrinde. Wir bekommen einen frühen März, nicht so kalt wie im Jahr 1929, als in Ostpreußen die Obstbäume erfroren.

Sie schlabberten in der warmen Stube, bis die Flasche leer war. Dann stapfte er los, der behäbige Förster Wiehn, allein mit seinem Hund und der Schrotflinte. Ganz schön mutig, so in den Wald zu laufen. In dieser Zeit.

Am Heiligabend fiel der von Förster Wiehn angekündigte Schnee, aber in bescheidenen Mengen. Krümelschnee, vom Ostwind gegen die Scheiben getrieben. Wie in jedem Jahr läuteten die Glocken von Drengfurt herüber. Der Bismarckturm auf dem Fürstenauer Berg streute seine einsamen Signale über das verschneite

Land; nach Osten hin hatte man ihn abgedunkelt. Kein Fahrzeug auf der Chaussee. Ein paar Hasen und Krähen in der Nähe der Häuser betupften den frischen Schnee mit zarten Spuren. Der sonst so belebte Jokehner Dorfteich blieb am Heiligabend den Krähen überlassen. Die Knechte gingen am späten Nachmittag mit vollen Milchkannen vom Gut nach Hause, nachdem sie den Pferden reichlich Hafer in die Krippe geschüttet hatten. Auf der Schloßterrasse (das war eigentlich wegen der Verdunkelung gar nicht erlaubt) brannten die Kerzen am Tannenbaum, dem größten Tannenbaum in Jokehnen.

Die kleine weiße Frau setzte sich nach ihrer Ausfahrt im Schlitten in Decken verpackt auf die Terrasse und sah den funkelnden Tannenbaum an.

Es kam noch einmal der Weihnachtsmann. Natürlich wußte Hermann längst, daß Schubgilla sich damit ein paar Mark verdiente. Und seine Eltern wußten auch, daß er es wußte. Aber der Weihnachtsmann gehörte dazu. Steputat verdunkelte sorgfältig, bevor er die Lichter anzündete. »O Tannenbaum« war sein liebstes Weihnachtslied, nicht so christlich wie die anderen. Martha kamen bei »Stille Nacht« die Tränen. Warum die wohl weinte? Das hatte sie Weihnachten noch nie getan. Heinrich aus Masuren saß stumm – er brummte nicht einmal – in einer Ecke und drehte an seiner kalten Pfeife. Früher war er meistens zu Weihnachten nach Masuren gefahren, aber Steputat hatte ihm das diesmal ausgeredet. Masuren liegt zu nahe an der Grenze. Und außerdem sei es nicht angebracht, in diesen Zeiten mit der Bahn herumzureisen. Als es dann die Auffahrt heraufkam mit schweren Stiefeln, als es gegen die Scheibe klopfte, wieder stapfte, die Tür aufstieß, hereinpolterte, da kam Hermann der schreckliche Gedanke, es könnte nicht Schubgilla sein, sondern ein Mann aus den Wäldern mit einer Maschinenpistole.

Trotz der rotbackigen Larve war Schubgilla leicht zu erkennen, zum Beispiel an seinem breiten Gang und an den Händen, den vertrockneten Chausseekratzerhänden. Nun die üblichen Formalitäten: Artig gewesen? Kannst auch ein Gedicht? »Von drauß vom Walde komm' ich her.« Na, Weihnachtsmann, willst auch ein Schnapsche? (Das war Martha.) Und ob der wollte! Der kippte den Bärenfang sogar durch die Larve. Sack auspacken. Für Martha eine Schürze (mehr fiel dem Weihnachtsmann auch nicht ein), für Steputat Hosenträger und Handschuhe, Rasierseife für Heinrich. Hermann aber erlebte eine richtige Überraschung. Was er sich jahrelang vergeblich gewünscht hatte, Weihnachten 1944 stand es auf dem Tisch: eine Holzkanone mit knapp dreißig Zentimeter langem Rohr. Mit der konnte man Klötze durch die Stube auf feindliche Patrouillen und Baukastendörfer schießen. Ein Stellmacher aus Drengfurt baute sie für fünfzehn Mark das Stück; erstaunlich, daß in dieser Zeit noch Kanonen für Kinder gebaut wurden. Hermann probierte gleich die Reichweite aus, ließ schwere Granaten auf die Holzdiele poltern, richtete fürchterliche Verwüstungen unter der Infanterie an, die sich neben dem Tannenbaum verschanzt hatte. Bis Martha einschritt, weil der Schlachtenlärm den weihnachtlichen Frieden störte.

Später erschienen auch die Sachsen. Die hatten im Saal des Dorfkruges eine Gemeinschaftsfeier mit viel Punsch veranstaltet. Kein Wunder, daß sie ziemlich fidel über den Anger nach Hause kamen. Und bei Steputat feierten sie weiter. Steputat öffnete wieder und wieder die Luke im Wohnzimmerfußboden, legte sich auf den Bauch und holte eine verstaubte Flasche Johannisbeerwein nach der anderen aus seinem Weinkeller. Ein Sachse, Geselle Heinrich und Steputat brachten es sogar fertig, am Heiligabend Skat zu spielen, was in Jokehnen beinahe als unanständig galt.

> »Säufst, dann mußt ins Jenseits schweben,
> säufste nicht, bleibst auch nicht leben!«

rief Heinrich allemal, bevor er sein Glas leerte. Scheiß in Masuren. Er verspielte das Geld beim Skat, das er den masurischen Nichten und Neffen zu Weihnachten ins Sparschwein stecken wollte. Übers Jahr ist wieder Weihnachten!

Während die Sachsen und Heinrich aus Masuren immer lauter wurden, feierte Peter das wunderbarste Weihnachtsfest seines Lebens. Noch nie hatte die Mutter so viel herangeschleppt wie zu dieser Kriegsweihnacht 1944. Tüten mit Kandis, Reis und Mehl, sogar Korinthen aus dem fernen Griechenland. Ein Beutel mit Walnüssen, dazu einen Nußknacker aus dem Erzgebirge in der Uniform eines »Langen Kerls« aus der Zeit des preußischen Soldatenkönigs. Für sich seidene Strümpfe, die sie am Weihnachtsabend anprobierte, über die rauhen, muskulösen Beine streifte, um sich vor dem Spiegel zu drehen und zu strecken. Unterdessen raste Peter mit einem Tigerpanzer aus Blech über die Steinfliesen in der Küche und ließ die schwenkbare Kanone Funken sprühen. Anschließend schlug er bis spät in die Nacht auf die Walnüsse ein, aß sie vermischt mit Korinthen aus Griechenland.

»Haben wir schon den Krieg gewonnen?« fragte die blinde Oma, als sie mit ihren knöchernen Händen den Weihnachtssegen auf dem Küchentisch abtastete. »Du hast noch gar kein Weihnachtslied gesungen, Oma«, sagte Peters Mutter. Da legte sich die alte Frau in ihr Bett und sang die ganzen Lieder rauf und runter von »Stille Nacht« bis »Alle Jahre wieder«.

Als die Mutter auch ins Bett ging, machte Peter sich heimlich über die angebrochene Flasche Zitroneneislikör her, die im Küchenschrank stand. Süß und scharf schmeckte das Zeug. Und man konnte herrlich danach schlafen.

Der Morgen des ersten Weihnachtstages brachte das übliche Hin- und Hergelaufe der Kinder. Geschenke begucken. Tannenbäume vergleichen. Wer hat den größten? Wo ist am meisten Lametta dran? Die Sachsen fegten lange Bahnen aufs Eis zum Schlittschuhlaufen. Als Onkel Franz wie immer an diesem christlichsten aller Feiertage nach Rößel zur Kirche fuhr, drehte Melker August schon seine einsamen Achten und Pirouetten auf dem Eis.

Nachmittags holte Hermann die Geschenke ab, die der Weihnachtsmann bei Onkel Franz und Tante Hedwig für ihn zurückgelassen hatte. Das war immer besonders reichlich. Weihnachten 1944 mußte Onkel Franz ihm sogar mithelfen, die Sachen nach Hause zu tragen. So kam Onkel Franz ausgerechnet zum Nachmittagskaffee in Steputats gute Stube und sagte: »Werden wohl die letzten Weihnachten in Jokehnen sein.«

Das sagte er ohne jede Scheu, obwohl Hermann dabei war und Heinrich aus Masuren; auch Martha hörte es, die gerade mit dem Kaffee in die Stube trat.

»Die Front ist doch ruhig«, bemerkte Steputat.

»Aber da braut sich was zusammen.«

(Solche pessimistischen Gedanken brachte Onkel Franz immer von seinen Katholischen aus Rößel mit.)

»Wir müssen durch, so oder so«, gab sich Steputat heroisch. »Dem alten Fritz ging es damals viel drekkiger.«

»Aber die Frauen und die Kinder sollten wir in Sicherheit bringen«, schlug Onkel Franz vor. »Sie einfach ins Reich schicken.«

Steputat hatte diesen Gedanken in schlaflosen Nächten selbst schon erwogen. Aber es ging nicht. Die Führung hatte es verboten. Niemand durfte seinen Platz verlassen. Wer abhaut, fällt der Front in den Rücken, zweifelt an der Fähigkeit des Führers, Ostpreußen zu halten. Wohin die Frauen und Kinder auch schicken? Nur wenige hatten Verwandte im Reich, und es brannte überall. Es gab kein sicheres Plätzchen mehr in diesem Winter 1944/45. Steputat sah es als seine Pflicht an, mit gutem Beispiel voranzugehen. Was sollten die Jokehner von ihm denken, wenn er Martha und Hermann ins Reich schickte? Das entsprach nicht seinem Sinn für Anständigkeit. Die Sache mußte hier gemeinsam durchgestanden werden.

»Wir sind keine hundert Kilometer von der Grenze weg«, meinte Onkel Franz. »Die Dörfer an der Grenze sind alle leer. Wenn der Russe durchbricht, trifft er hier bei uns die ersten Menschen. Das wird fürchterlich.«

Steputat war da anderer Meinung. Wenn es ganz schlimm wurde, konnte man immer noch flüchten. Aber wer sagt, daß es nicht gut ausgeht? Vielleicht lassen die Russen die ostpreußische Insel unbehelligt und stoßen gleich auf Berlin vor. Steputat und Onkel Franz standen am Fenster und blickten über die Blumenkrippe zum Dorfteich. Jetzt spielten die lustigen Sachsen sogar Eishockey mit Knüppeln, die sie aus dem Weidengebüsch geschnitten hatten. Und Melker August zog in SS-Uniform hinten am Schilf seine schwungvollen Bahnen.

Weihnachten in Kudenow

Lohnt es sich, Weihnachten 46 zu beschreiben? Vor allem war es kalt, weit unter null Grad. Am 24. nachmittags fiel der Strom aus.

»Nicht einmal Schnee haben sie in diesem Holstein«, klagte die Mutter.

Knecht Stolten mistete den Pferdestall aus, seine letzte Arbeit am Heiligen Abend.

Melker Kassebohm versorgte die Kühe mit Haferstroh und Steckrüben. Er machte früher Schluß als sonst. Auch Ella kam schon um halb sieben vom Melken zurück in den Hühnerstall und brachte mehr Milch mit als an anderen Tagen, denn es war Weihnachten.

»Haben wir keinen Tannenbaum?« fragte Kurt.

Ach du lieber Himmel, daran hatte niemand gedacht, nicht einmal Ella; denn Tannenbäume kann man nicht essen, die stehen nur so herum.

»Du hättest ja einen holen können«, meinte Ella bissig.

»Unser Bruno hätte uns einen schönen Tannenbaum besorgt«, sprach die Mutter mehr zu sich als zu den Kindern.

Kurt sah sie an und begriff, daß Bruno den Tannenbaum nicht aus dem Kudenower Wald geholt hätte, sondern aus dem Borkener Forst in der Nähe von Kruglanken, wo in Mutters Erinnerung die allerschönsten Tannenbäume wuchsen. Kurt nahm sich vor, für künftige Weihnachtsfeste Tannenbäume zu beschaffen,

Berge von Tannenbäumen, soviel die Mutter wollte. Er lebte erst ein paar Tage in Kudenow, aber in der kurzen Zeit war ihm klargeworden, daß er etwas tun mußte. Du hast Pflichten, Kurt Marenke! Du bist nicht zu deiner Mutter heimgekehrt, um unter ihren Rock zu kriechen und Kind zu spielen.

Ella zündete die Hindenburgkerzen an, die auf der Fensterbank standen. Fünf Stück, die reinste Verschwendung.

»Ein richtiger Weihnachtsmann kommt natürlich nicht«, sagte die Mutter. »Ihr seid schon groß genug. Und viele Geschenke gibt es sowieso nicht.«

Du brauchst dich nicht zu entschuldigen, Mutter. Es ist doch eine ganze Menge, was du im Laufe des Jahres zusammengeschleppt hast. Eine Schürze voller Äpfel, von wilden Bäumen im Knick gepflückt und für Weihnachten auf dem Schrank verwahrt. Sie sind zwar nur gebraten und mit Sirup bekleckert genießbar, aber doch richtige Weihnachtsäpfel. Auch ein Beutel mit Haselnüssen tauchte auf, die Ella im Knick geerntet hatte. Schließlich Pfefferkuchen wie zu Hause, dazu eine Kaffee-Torte, aus Kaffee-Ersatz-Pulver gebacken und mit Vanillepudding garniert. Ein Geheimnis blieb, wo die Mutter das Marzipan aufgetrieben hatte. Kein Lübekker Marzipan, kein Königsberger Marzipan, nur Marzipanersatz, zusammengemischt aus Grieß, Puderzucker und Mandelöl. Die Mutter hatte den Brei zu Herzen geformt und über der heißen Ofenplatte flambiert. Zum Wärmen gab es Ersatz-Glühwein aus Holunderbeersaft. Ersatz-Weihnachten. Ersatz-Zuhause.

»Wer weiß, wo unser Bruno Weihnachten feiert ...«, sagte die Mutter plötzlich.

Ella stieß Kurt an. »Wenn sie so früh mit Bruno anfängt, wird es schlimm.«

»Manchmal denke ich, Bruno ist schon zu Hause in Kruglanken. Der ist gar nicht in den Westen gekommen, sondern gleich aus der Gefangenschaft nach Hause gegangen. Da sitzt er nun und wartet auf uns. Und wir treiben uns in der Weltgeschichte herum.«

Die Mutter kam nicht zur Ruhe. Sie saß, die Hände im Schoß, auf einem Stuhl zwischen Kanonenofen und Fenster und erzählte. Meistens von Bruno. Wenn der nach Hause kommt, fängt das Paradies an. Der allein kann helfen. Zweiundzwanzig Jahre ist er alt, in der besten Kraft der Jugend. Er wird zur Arbeit gehen und so reichlich Essen heranschaffen, daß alle Marenkes satt werden. »Vor zwei Jahren hat er zuletzt geschrieben. Erinnert ihr euch noch daran, Kinder? Damals war er in dem Gebirge hinter Polen, das so groß ist wie die Alpen. Und wir lebten noch zu Hause … Denkt ihr überhaupt noch an zu Hause, Kinder? Am Weihnachtsmorgen sind wir mit dem Schlitten in die Kirche gefahren. Kein Schmuddelwetter wie hier in Holstein, sondern herrliche, trockene Luft. Die Glocken am Pferdegeschirr bimmelten. Und die Kirchenglocken bimmelten auch. Zu Mittag gab es Kalbsbraten, soviel jeder essen wollte. Weißt du noch, Kurtchen, wie dir nachmittags ein Tortenstück auf den Pullover fiel? Das gab einen fürchterlichen Kleister auf dem schönen neuen Pullover …«

So erzählte sie und erzählte. Die große Angst der Mutter war es, die Kinder könnten die Heimat vergessen, könnten sich wohl fühlen in diesem Kudenow und eines Tages nicht zurückwollen, wenn die große Fanfare zur Heimkehr ertönte. Für den Abend fuhr die Mutter aus der Kruglanker Erinnerung Schinken, Rauchwurst und Sülze auf, auch ein Glas mit eingelegten Klopsen. Für Kurt gab es extra Bauernfrühstück mit mehr Eiern als Kartoffeln. Auch vergaß sie den Punsch nicht, den sie in Kruglanken spätabends aus der Röhre des Kachelofens geholt hatten; ferner gab es in der Erinnerung reichlich Bratäpfel und ein Glas eingelegter Gurken nach polnischer Art.

»Wenn wieder Weihnachten ist, sind wir zu Hause«, behauptete die Mutter zuversichtlich. »Die können uns nicht ewig wie Zigeuner durch die Welt ziehen lassen. Einmal kommen die Menschen zur Ruhe. Die Russen und die Polen können das viele deutsche Land überhaupt nicht bewirtschaften. Die brauchen uns, sonst verfallen die Höfe, und die Felder verwildern.« Plötzlich griff die Mutter nach Kurts Hand. »Du bist schon über eine Woche hier, Kurtchen, und hast noch nicht erzählt, wie es dir ergangen ist. Haben sie dir weh getan, Kurtchen?«

Die Mutter blickte ihn fragend an. Er spürte, daß er etwas sagen mußte, weil er ihr nahe war. Aber ihm fiel nichts ein. Was gab es da viel zu erzählen? Es war ihm nicht anders ergangen als den anderen.

»War es nicht schrecklich, zwei Jahre allein zu sein?«

Aber nein, Mutter, allein ist Kurt Marenke nie gewesen. Immer gab es Menschen in seiner Nähe, böse und gute. In den Schlangen vor der Essenausgabe, in den Entlausungshallen, an Lagerzäunen und in überfüllten Zügen. Überall Menschen: Soldaten, feindliche und deutsche, Frauen, Kinder, alte Männer, Gefangene, Kranke, Tote, Aufseher, Ärzte, Krankenschwestern, Essenausteiler ... alles Menschen.

Ella saß am Fenster und blickte zur Burg, die verschwenderisch in das weihnachtliche Dunkel leuchtete, eine strahlende Lichtquelle, die die Motten anlockte und die Gedanken.

»Da prassen sie wieder«, meinte die Mutter.

Vom Hühnerstall aus war der Weihnachtsbaum in

der guten Stube des Bauern Kock deutlich zu erkennen. Das Licht der Kerzen fiel auf den Hof; es hätte sogar die dunkle Scheune erreicht, wäre es nicht von dem mächtigen Buschholzberg aufgehalten worden.

»Drei Enten hat sie geschlachtet«, fuhr die Mutter fort. »Wenigstens das Blut hätte sie uns für Schwarzsauer geben können. Aber sie haben einen Kopf aus Holz und ein Herz aus Stein, diese Holsteiner.«

Ella drückte die Nase an die Scheibe. Breit und behäbig lag die Burg vor ihr, von keinem Sturm zu erschüttern, ein Fels in der Brandung, von allen Fluten verschont.

Kurt starrte seine Schwester an. Was denkst du, liebes Schwesterlein? Möchtest du eines Tages in einer solchen Burg leben mit drei geschlachteten Enten auf dem Weihnachtstisch und einer Speisekammer mit Eingemachtem?

»Wenigstens euch Kindern hätte der Kock etwas schenken können«, beschwerte sich die Mutter. Sie dachte nur an Ella und Kurt, nicht an das Dutzend in der Scheune. Aber wenn Bauer Kock zu schenken anfängt, muß er denen in der Scheune auch etwas geben, und das wird alles viel zuviel. In dieser Flut des Elends fand man keinen Anfang und kein Ende mit den Weihnachtsgeschenken, und deshalb ließ Kock es lieber ganz.

Es war der Augenblick gekommen, Mutters Lieblingslied anzustimmen: »Was frag' ich viel nach Geld und Gut, wenn ich zufrieden bin?« Es war eine fromme Lüge, dieses Lied, denn natürlich kam es auf Geld und Gut an, allein darauf. Die Mutter liebte jene Strophe, die ihrer Meinung nach eigens für Bauer Kock in Kudenow gedichtet worden war und in der es hieß:

So mancher lebt in Überfluß,
hat Haus und Hof und Geld.
Und ist doch ständig in Verdruß
und freut sich nicht der Welt.
Je mehr er hat, je mehr er will,
nie schweigen seine Klagen still.

Bevor die Mutter zu ihrem Lied kam, fingen sie in der
Burg an zu singen. »Stille Nacht«. Bauer Kocks Stimme
vorneweg, dahinter der brummende Opa, etwas schrill
die Bäuerin, verhaltener Ina, die Köksch. Melker Kassebohm schwieg ganz, machte nur die Mundbewegun-
gen mit; dafür sang Knecht Stolten um so lauter.

Und sie bekamen Antwort. Die Scheune sang »O du
fröhliche …«. Was gab es denn da Fröhliches? In der
Lautstärke war die Scheune überlegen, denn sie bot
fünfzehn Sänger auf, die Kinder nicht mitgerechnet.
Außerdem eine Flöte zur Begleitung. Der Hühnerstall
in der Mitte vernahm die frohe Botschaft von beiden
Seiten. Kurts Sorge war, der Gesang aus der Scheune
könnte nicht in der Burg ankommen, sondern von den
dicken Mauern abprallen. Aber die Burg sollte hören,
wie die Scheune sang.

Lange hielt Kurt es im Hühnerstall nicht aus. Er
rannte über die gefrorenen Pfützen des Hofplatzes zur
Scheune und stand staunend vor der mächtigen Fichte,
die der alte Petschelies auf seinem Handwagen zusammen mit dem gebildeten Menschen aus dem Kudenower Wald geholt hatte. Ein Weihnachtsbaum ohne Kerzen, weil so etwas feuergefährlich ist in der Scheune.
Im Vordergrund sah Kurt den Gebildeten steif und feierlich mit funkelnden Brillengläsern den Gesang diri-
gieren. Die beiden Flötenkinder nahe bei ihm, die übrigen Kinder im Halbkreis. Aus den Scheunenfächern

blickten die Gesichter der Alten. Da fehlten nur noch ein Esel, die Krippe und ein schreiender Säugling. Bethlehem in der Kudenower Scheune bei sechs Grad unter Null und steifem Nordostwind, der gegen das Holz der Scheune drückte.

Der Gesang lockte Pastor Thormählen an. Nach dem Gottesdienst zum Heiligen Abend kam er auf Kocks Hof, ein gewaltiger Kerl, mehr Bauer als Kirchenmann. Er war im Ersten Weltkrieg unter einen einstürzenden Bunker geraten und hatte geschworen, Pastor zu werden, falls er jemals wieder das Sonnenlicht erblicken sollte.

»Wenn ihr nicht die Kirche besucht, muß ich zu euch in die Scheune kommen«, sagte Thormählen.

»Wir haben jeden Tag Kirche, wir leben in der Kirche«, sagte der alte Petschelies lachend und zeigte hinauf zum Eulennest im Kirchenschiff, zu dem weitläufigen Gebälk, in dem die Kockschen Tauben, vom Gesang aufgeschreckt, unruhig umherflatterten.

Thormählen improvisierte einen kleinen Notgottesdienst im Notaufnahmelager von Kudenow, wußte aber auch nur zu erzählen, daß die Letzten irgendwann die Ersten sein würden. Und wer heute mit Tränen säe, werde morgen in Freuden ernten. »Wir sind alle bloß Menschen!« schloß er die kurze Ansprache. Das war seine ständige Redensart, die alle menschlichen Schwächen und Verirrungen in einem Satz einschloß und mehr bedeutete als Amen.

Die Frau Nuschtnich machte aus der feierlichen Stunde gleich wieder eine Uns-geht-es-so-schlecht-Veranstaltung, indem sie Thormählen vorführte, wie bescheiden ihr Weihnachtsessen war. Nicht mal ein Stück Pfefferkuchen gab es! Da zog der Pastor es vor, die Burg aufzusuchen. Kurt folgte ihm, trieb sich unter den Fenstern des Bauernhauses herum und sah, wie drinnen die Kerzen langsam niederbrannten.

Es war ein großer Fehler, sofort nach Kriegsende die Verdunkelung in Deutschland aufzuheben. Kurt konnte hinter den unverdunkelten Fenstern mühelos erkennen, was der Weihnachtsmann dem Bauern Kock gebracht hatte. Eine Hose für den Sonntag und einen Regenmantel für alle Tage. Der Frau ein schwarzes Kleid für Hochzeiten und Beerdigungen. Opa Kock saß in der Altenteilerecke am Ofen und beschäftigte sich mit einem halben Dutzend Tabakpäckchen, die der Weihnachtsmann für ihn abgegeben hatte. Auf dem Tisch eine Flasche Rum aus Flensburg. Schokoladenkringel im Tannenbaum. In einer Obstschale merkwürdige Früchte, die Kurt in seinem zwölfjährigen Leben noch nie gesehen hatte, gelb und länglich, vielleicht aus Afrika. So großzügig kann der Weihnachtsmann sein, wenn du einen Keller voller Kartoffeln hast und in der Rauchkammer Speck hängt, Speck zum Braten und zum Tauschen.

Kurt sah, wie Thormählen sich neben Opa Kock setzte, einen Grog eingeschenkt bekam und sich eine Zigarre ansteckte. Wir sind alle bloß Menschen. Als die Zigarre in Asche zerfallen war, schlenderte Kurt frierend zurück zum Hühnerstall. Die Mutter hatte sich hingelegt, weil sie im Liegen besser an zu Hause denken konnte.

Weihnachten in Poggenwalde

Ich hatte nicht nur vor der Dunkelheit und dem Schlachtfest Angst, auch vor dem Nikolaus fürchtete ich mich ein bißchen. Lisa sagte: »Wenn man sich auf die Lauer legt, um zu sehen, was der Nikolaus einem in die Stiefel packt, wird man schwarz wie ein Schornsteinfeger. Der Nikolaus straft allzu Neugierige nicht mit der Rute, sondern macht ihnen das Gesicht mit Kohlenruß schwarz.«

Nach dem Nikolaus kam der Weihnachtsmann. Vor dem hatte ich noch mehr Respekt als vor Lehrer Duseks Rohrstock. Aber Peter sagte: »Es gibt keinen Weihnachtsmann. Das sind doch nur die Erwachsenen, die verkleiden sich, um Kindern Angst einzujagen.«

Ich war da nicht so sicher. Lisa wußte nämlich genau, wo der Weihnachtsmann wohnte. Er hatte seine Backstube hinter dem Tatarensumpf. Und Lisa kannte sogar die Zutaten für die Pfefferkuchenherzen, die da gebakken wurden: zwanzig Säcke Mehl, fünf Säcke Zucker, ein halber Sack Rosinen und ein Rübenwagen voller Nüsse.

Lange vor Heiligabend tauchte der Weihnachtsmann schon in Poggenwalde auf. Auch zu uns kam er natürlich. Er konnte ganz unverhofft an die Tür klopfen, um sich bei Mutter zu erkundigen, ob ich immer artig war.

»Der Weihnachtsmann sieht alles«, sagte meine Mutter, wenn ich mal nicht essen wollte oder keine Lust hatte, meine Schularbeiten zu machen.

Manchmal klopfte er nur ans Fenster, und das reichte schon, um mir einen Schreck einzujagen. »Der Weihnachtsmann ist böse mit dir«, sagte Lisa, wenn es draußen rumorte.

Die Poggenwalder Weihnachtsmänner, die auf unseren Hof kamen, sahen sehr verschieden aus. Mal hatten sie ein freundliches Großvatergesicht mit Runzeln und weißem Backenbart, aber es gab auch welche, die mit finsteren Augen und gefletschten Zähnen durchs Fenster guckten. Dann verkroch ich mich unterm Küchentisch und kam erst wieder zum Vorschein, wenn Lisa mir zurief: »Die Luft ist rein, kannst wiederkommen!«

Heiligabend blieben Peter und ich bei Alex im Pferdestall. Wir warteten auf den Weihnachtsmann und sahen zu, wie Alex Adebar und Rumpelstilzchen striegelte. »Die sollen doch auch merken, daß Weihnachten ist«, sagte er.

Er schüttete ihnen früher als sonst Hafer in die Krippe und warf eine Extraportion Klee in die Raufen. Nebenan im Kuhstall melkte Lisa die Kühe. Auch sie beeilte sich, damit sie rechtzeitig zur Bescherung fertig wurde.

Vor einigen Tagen waren Alex, Peter und ich im Wald gewesen, da hatte Alex zwei Tannenbäume geschlagen, einen großen für uns und einen kleinen für Jonischkies. Peter wollte auch so eine große Tanne wie wir haben, aber Alex erklärte ihm, daß das Zimmer in ihrem Haus zu niedrig sei für so einen großen Baum.

Am Morgen hatte mein Vater unseren Baum vom Hof in die gute Stube getragen. Seitdem war die Tür abgeschlossen, nur Vater und Mutter durften hinein.

Als es dunkel wurde, schickte uns Alex ins Haus.

»Es ist besser, ihr verschwindet«, sagte er. »Wenn euch der Weihnachtsmann am Heiligen Abend draußen erwischt, steckt er euch in den Sack. Und Geschenke gibt's dann auch keine.«

Also rannten wir schnell über den Hof, Peter zu sich nach Hause, ich in unsere Küche. Meine Mutter wartete schon auf mich. »Du mußt noch deine Fingernägel saubermachen«, mahnte sie. »Der Weihnachtsmann sieht bestimmt nach, ob du saubere Hände hast ... Und kämm dich mal ... Und vergiß nicht, die Schuhe zu putzen!«

Als Lisa vom Melken kam, flüsterte sie geheimnisvoll: »Ich glaube, er ist schon unterwegs.«

Sie zog ihr gutes Kleid an, das einzige, das sie besaß und das sie nur an Festtagen und an ihrem Geburtstag trug. Auch Alex hatte sich umgezogen. Er sah richtig feierlich aus mit seinem weißen Hemd und dem steifen Kragen, den er umgebunden hatte.

Als fern in Poggenwalde die Hunde anschlugen, nahm mein Vater die Streichhölzer aus dem Küchenschrank und ging in die gute Stube.

Ich wußte, nun würde es gleich soweit sein. Wenn Vater die Kerzen am Baum anzündete, war Weihnachten.

Ich durfte als erste ins Weihnachtszimmer. Zwölf Kerzen brannten am Baum. Lisa zählte sofort nach, denn sie war abergläubisch. Es durften auf keinen Fall dreizehn Kerzen sein, das könnte Unglück bringen. Auf dem Tisch stand wie jedes Jahr ein Kuchenblech mit Pfefferkuchen, daneben die bunten Teller. Es roch nach Bratäpfeln, die in der Ofenröhre schmorten. Wie immer, wenn Weihnachten war, öffnete Vater eine Flasche Johannisbeerwein und schenkte Mutter und Lisa ein Glas ein. Für ihn selbst und Alex gab es Rum. Ich schaute ihnen zu, wie sie anstießen.

»Auf gute Gesundheit!« sagte mein Vater ernst.

Als Lisa sich schüttelte, weil sie Wein eigentlich nicht

mochte, lachte Alex sie aus. »Trink doch lieber Butter-
milch, Lisa!«

Jetzt könnte der Weihnachtsmann aber endlich kommen, dachte ich. Da bellte auch schon Pluto.

Draußen vor der Tür läutete eine Glocke. Mein Vater
ging hinaus.

»Komm nur rein, Weihnachtsmann«, hörte ich ihn
sagen. »War es sehr kalt in den Wäldern? Hattest du
viel zu tragen? ... Hier geht es in die gute Stube ... Wir
warten schon auf dich.«

Mein Vater redete und redete, und dann kam der
größte und gewaltigste Weihnachtsmann, den ich je
gesehen hatte, ins Zimmer. Er war so hoch wie unser
Tannenbaum, ein Riese, und er hatte ein freundliches
Gesicht unter seinem weißen Bart. Seine dicken Augen-
brauen waren so schwarz, als hätte er sie mit Kohle
nachgezogen, die Nase leuchtete rot, und an der Spitze
hing ein kleiner Wassertropfen. Er hatte Schnupfen, der
Weihnachtsmann, das sah ich genau. Er trug einen Pelz,
dazu Pelzhandschuhe und eine Pelzmütze mit Ohren-
schützern. Seine Stiefel mußte er wohl von Peters Vater
geliehen haben, so riesig sahen sie aus. Aus dem Sack
schaute nicht etwa eine kleine Rute heraus, sondern ein
dicker Knüppel, eine Art Forkenstiel, der bei jedem
Schritt polternd auf den Fußboden schlug.

Mein Vater schob ihm einen Sessel hin, und er setzte
sich. Dann mußte ich mein Weihnachtsgedicht aufsagen,
das ich schon vor Wochen auswendig gelernt hatte.
»Von drauß vom Walde komm' ich her ...« Der Weihnachtsmann war schlimm erkältet, denn seine Stimme
klang ganz heiser, als er flüsterte: »Das hast du gut gemacht, Maria. Aber versprich mir, nicht mehr, ohne zu
fragen, zum Tatarensumpf zu laufen, hörst du?«

Ich nickte und war froh, daß er nicht noch mehr zu

mir sagte. Dann sangen wir alle »Stille Nacht«. Weil Alex so furchtbar brummte, bekam er einen kleinen Stüber mit dem Forkenstiel, und Lisa mußte dem Weihnachtsmann versprechen, mir nie mehr mit Spuk- und Räubergeschichten Angst einzujagen.

Nun endlich schüttete er seinen Sack aus. Alex bekam Hosenträger und ein neues Feuerzeug, Lisa eine knallrote Handtasche. Für meinen Vater hatte er eine Kiste Zigarren und für Mutter einen blauen Schal und einen Gürtel. Für mich war das meiste im Sack. Dicke Wollstrümpfe, Pelzhandschuhe, ein Spiel Schwarzer Peter, ein kleiner Puppenwagen mit Holzrädern und eine Puppe, die aus Stoffresten zusammengenäht war.

»Sieht sie nicht aus wie unsere Lisa?« rief Alex und hielt die Puppe hoch. Für diese freche Bemerkung bekam er vom Weihnachtsmann noch mal einen kleinen Schubs mit dem Forkenstiel.

Lange hielt sich der Weihnachtsmann nicht bei uns auf, denn er mußte noch viele Besuche machen. Darum trank er schnell sein Glas aus, das Vater ihm eingeschenkt hatte, und eine dicke Zigarre nahm er für unterwegs mit. Vater begleitete ihn zur Tür. Pluto bellte wild und zerrte an seiner Kette.

»Paß auf, Weihnachtsmann, daß du nicht auf der glatten Straße ausrutschst!« rief Vater ihm nach. »Und vergiß nicht, im nächsten Jahr wiederzukommen.«

Wir saßen um den Tannenbaum herum, und Mutter schnitt den Pfefferkuchen an. Alex knackte für mich Nüsse mit den Zähnen. Aber ich konnte gar nicht richtig still sitzen. Ich dachte an Peter. Ob der Weihnachtsmann das kleine Haus überhaupt gefunden hatte? Am liebsten wäre ich gleich hinübergelaufen, um Peter meine Geschenke zu zeigen. Aber ich graulte mich, allein in der Dunkelheit zu Jonischkies zu gehen.

»Ich komm' mit dir«, sagte Lisa, und dann packten wir meine Geschenke in den Puppenwagen, zogen uns warm an und gingen los.

Peter saß mit seinen Geschwistern am Küchentisch und spielte Mensch ärgere Dich nicht. Es roch nach Braten. Auf dem Herd brutzelte die Weihnachtsgans vor sich hin.

»Ist der Weihnachtsmann schon bei euch gewesen?« fragte ich Peter.

Der schüttelte den Kopf. »Aber mein Geschenk habe ich trotzdem«, sagte er und zeigte stolz auf den neuen Rodelschlitten, der neben der Tür stand. »Den hat mein Vater für mich gezimmert. Es ist der schnellste Schlitten von ganz Poggenwalde.«

Herr Jonischkies saß am Fenster und rauchte eine Zigarre. Die sah genauso aus wie die, die Vater dem Weihnachtsmann geschenkt hatte. Und erkältet war er auch, der Herr Jonischkies. Ein dicker Tropfen hing an seiner Nase.

Kriegsweihnacht

»In diesem Jahr kommt kein Weihnachtsmann«, sagte sie den Kindern. »Die Väter sind an der Front, und auch die Weihnachtsmänner haben im Krieg zu tun.«

Trotzdem wollten sie Weihnachten feiern. Sie hielt die Kinder an, Gedichte zu lernen, und versprach ihnen kleine Geschenke, nicht viel, denn es war ja Krieg.

»Wir wollen so tun, als wäre schon Frieden, wenigstens Weihnachten soll Frieden sein«, sagte sie.

Der Heilige Abend kam, und es geschah so wie früher. Die Kinder schmückten den Baum, sangen ihre Lieder, während die Frau die Geschenke holte, von denen sie sagte, der Weihnachtsmann habe sie vor langer Zeit abgegeben. Sie erzählte von einem Feldpostpäckchen, das sie schon im November aufgegeben hatte, damit es rechtzeitig zu Weihnachten ankäme.

»Ich habe Nüsse aus unserem Garten hineingetan und Pfefferkuchen, der bestimmt steinhart gefroren ist auf der langen Reise. Vater sitzt jetzt in einem Erdbunker und feiert Weihnachten, ja, auch die Soldaten schmücken Tannenbäume und singen Weihnachtslieder.«

Als es dunkel war, stapfte es von der Straße herauf, klopfte ans Fenster, dann an die Tür. Die Frau erschrak. Wer konnte das sein? Es hausten viele in den Wäldern, die Nächte waren längst nicht mehr geheuer, hier verschwanden einige, und dort kamen andere. Sie hatte keinen Weihnachtsmann bestellt, aber nun pochte es an der Tür.

»Der Weihnachtsmann kommt doch noch«, freuten sich die Kinder.

Mit klopfendem Herzen öffnete sie. Ein Schwall Kaltluft schlug ihr entgegen, so eisig, als käme ein Wind aus dem hohen Norden. Im Lichtschein sah sie eine vermummte Gestalt. Ein nach außen gekehrter Schafspelz verhüllte den Körper, ein grauer Bart das Gesicht, die Hände umklammerten einen Stab, eine Wollmütze bedeckte Ohren und Augen. Sie kannte den Menschen nicht, der unbeweglich vor ihr stand. Als sie die Tür zuschlagen wollte, setzte er den Stab über die Schwelle.

Um die Kinder nicht zu ängstigen, rief sie mit gespielter Heiterkeit: »Komm nur rein, Weihnachtsmann, wir haben auf dich gewartet!«

Er ging stockend, als wäre sein rechtes Bein steif. Der Stab schlug auf die Holzdielen. Hinter ihm fiel, von einem Windstoß aus dem eisigen Norden bewegt, die Tür zu. Von seinen Stiefeln bröckelten Schneereste und schwarze Erde, aus dem Pelz krümelten Flocken. Seine Bewegungen wirkten mechanisch wie die der Figuren einer Spieluhr. Mitten im Raum blieb die Gestalt stehen, einen Schritt vor der geschmückten Tanne.

Die Frau schob einen Sessel hin mit der Aufforderung, Platz zu nehmen. Es knarrte laut, als er sich setzte.

»Sollen wir dir ein Lied vorsingen, Weihnachtsmann?«

Er antwortete nicht. Die Gestalt zeigte keinerlei Regung, sie saß unbeweglich im Sessel und starrte in den Baum, in dem die letzten Kerzen ausbrannten.

Die Frau zitterte. Unter dem Schafspelz entdeckte sie den Saum eines feldgrauen Militärmantels und Stiefel, wie die Soldaten sie trugen. Schwarze Erde klebte festgefroren am Leder.

»Hast du einen weiten Weg gehabt?«

Der Fremde nickte stumm.

»Ich werde dir warmen Tee aufsetzen, Weihnachtsmann.«

Er schüttelte den Kopf.

Warum sprach er nicht, warum blieb er so stumm?

Die Kinder mußten die weihnachtliche Prozedur wiederholen, noch einmal singen, noch einmal Gedichte aufsagen. Als sie geendet hatten, bemerkten sie, daß der Weihnachtsmann nichts bei sich trug. Und er machte auch keine Anstalten, in die Manteltasche zu greifen, um Süßigkeiten zu verteilen. Er starrte über die Kinder hinweg ins flackernde Kerzenlicht und schien weit entfernt zu sein.

Es wurde so kalt, als wäre mit der fremden Gestalt die Polarnacht in die warme Stube eingedrungen. Wer mochte das sein? Wenn sie nur seine Hände hätte sehen können! Aber die waren in dicken Wattehandschuhen verpackt und umklammerten den Stab. Ein Wort nur, und sie hätte ihn erkannt. Ein Blick in die Augen, und sie hätte ihn verstanden.

Nun erst sah sie, daß sein Mantel zerrissen war. Schwarze Erde rieselte aus der Tasche. Auch die Mütze hatte Löcher, und der Mantelsaum hing in Fetzen. Er muß in einem Erdloch gelegen haben, dachte die Frau, als sie ihm Pfefferkuchen holte und ein Glas Milch. Beides rührte er nicht an.

Auch die Kinder begannen sich zu fürchten, weil die Gestalt so reglos dasaß und kein Wort sprach. Sie klammerten sich an die Schürze der Mutter und blickten verstohlen zu dem seltsamen Gast. Als ein Windzug die angelehnte Haustür aufriß, fegte Polarluft in die Stube und ließ die Strohsterne im Baum tanzen. In diesem Augenblick erhob sich der Fremde und schritt bedächtig zur Tür. Unter seiner Wollmütze entdeckte die Frau einen grauen Stahlhelm mit mehreren Einschüssen, und der Stab, das sah sie jetzt, war ein Gewehr, dessen eiserner Lauf auf die Dielen pochte. Ohne sich umzublicken, verließ der Fremde das Haus.

Schnell schloß sie hinter ihm die Tür, trat ans Fenster und lauschte hinaus, hörte die schweren Tritte. Es kam ihr vor, als zöge eine Armee vorüber, nicht mit klingendem Spiel, sondern schlurfend, als wären die Marschierenden sehr müde. In gleichmäßigem Takt schlugen ihre Gewehre auf die Pflastersteine, die Stahlhelme klirrten, wenn sie aneinandertrafen. Als sie zu singen begannen, klang es nach mittelalterlichen Madrigalen in dunklen Klostergewölben. Eine Armee der Toten marschierte durch die Weihnachtsnacht.

»Es ist so kalt«, jammerten die Kinder.

Die Frau gab Holzscheite in den Ofen, dann fegte sie die Schneereste zusammen und den Schmutz, der von seinen Stiefeln gefallen war. Sie nahm Platz auf dem Stuhl, auf dem er gesessen hatte. Die Kinder blickten ängstlich zu ihr auf, auch sie spürten, daß etwas Unerhörtes geschehen war.

In den ersten Januartagen erhielt sie den Brief, der mit wenigen Zeilen mitteilte, daß er gefallen sei. »Bei einem Artillerieüberfall am Abend des 24. Dezember traf eine Granate den Bunker, in dem Ihr Mann zusammen mit drei Kameraden Weihnachten feierte.«

Eine Woche später kam das Päckchen zurück. Der Pfefferkuchen war tatsächlich zu Eis gefroren.

Beschwerden an den Weihnachtsmann

Es ist, mein lieber Weihnachtsmann, nicht alles nach Wunsch verlaufen. Unsere Oma hat immer noch Zahnweh, der kleine Fritz lutscht weiter am Daumen, den Rodelschlitten, den ich mir bestellt hatte, bekamen Nachbarskinder. Meine Handschuhe sind zu groß geraten, die Puppe hast Du wohl anderen Kindern gestohlen, denn sie ist ungewaschen, glänzt schwarz wie Kohle und spricht nur französisch. Der Nußknacker knackte einmal, dann fielen ihm die Zähne aus. Unsere Ammi war tief traurig; sie hatte sich auf einen Knochen mit Fleisch gefreut, Du brachtest ihr vertrocknete Wurstpelle. Weil der Kater keinen Heringsschwanz bekam, verzog er sich hinter den Ofen und maulte bis Silvester.

Dein Auftritt ließ zu wünschen übrig. Gesungen hast Du wie ein Brummbär; als wir »Stille Nacht« anstimmten, schnarchtest Du schon. Eine halbe Flasche Rum leertest Du in einer Viertelstunde, fast wärest Du in den Baum getorkelt. Den leeren Sack vergaßt Du unterm Tannenbaum. Neben Deinem Stuhl bildete sich eine Wasserlache, so daß Mutter den Wischkodder holen mußte. Dein Tuntel leckte wie ein Wasserhahn, der Bart raschelte nach trockenem Stroh, unter den Fingernägeln hattest Du schwarze Ränder. Auch wird es Zeit, Deine Haare zu scheren, bevor sich darin die Läuse versammeln. Ich fragte Dich, wie es der lieben Frau Holle geht, und Du sagtest, das alte Weib habe die letzten Zähne verloren und keife Tag und Nacht. So spricht man nicht über eine Frau, die Dir jeden Tag die Betten schüttelt.

Auch im Großen bist Du ein Versager. Der Teich hält immer noch nicht, die Riesentanne vor dem Rathaus ist nicht umgekippt, die Schule nicht abgebrannt, und Nachbars Hänschen hat keinen lahmen Fuß bekommen. Wo blieben die Schneewehen, um die ich Dich ausdrücklich gebeten hatte, damit die Ferien etwas länger dauern? Vertan hast Du Dich auch bei Tante Martha. Sie bekam am Heiligen Abend zwei Kinder, obwohl sie nur eines bestellt hatte, und das auch erst nach Neujahr.

Nicht anständig war es, die halbleere Rumflasche mitzunehmen, Dich im Stall auf einen Heuhaufen zu setzen und sie restlos auszutrinken. Die leere Flasche gabst Du den Pferden in die Raufe, damit sie auch etwas von Weihnachten haben. Um Mitternacht sangst Du »Vom Himmel hoch« und marschiertest schwankend in Deinen Weihnachtswald.

Ich wäre Dir gern gefolgt, um Dir zu sagen, was Du verkehrt gemacht hast, aber in der Weihnachtsnacht fiel Schnee und verwehte Deine Spuren. Darum schreibe ich diesen Brief und hoffe, die himmlische Post wird ihn Dir zustellen. Wenn Du Dich nicht besserst, werde ich selbst den Weihnachtsmann spielen und mir alles schenken, was ich mir wünsche. Du aber kannst zu Hause bleiben und mit Deiner keifenden Frau Holle die Betten schütteln.

Verlorene Weihnacht

Mir ist Weihnachten verlorengegangen. Vor langer, langer Zeit. An dunklen Abenden erzähle ich mir die Geschichte meines Verlustes. Wenn die Glocken läuten, der Schnee fällt und über dem flachen Land Leuchtkugeln aufsteigen, um langsam zur Erde zu gleiten, ist es so, als wäre ich daheim. Wieder und wieder spreche ich von damals, aber ich kann es nicht glauben. Nein, ich besitze keine Pferde mehr. Ich weiß aber noch, wie es war mit den Pferden in jener letzten Weihnacht, die mir immer ferner wird.

Ich beschicke die Pferde und stelle meine Stiefel an den Ofen. Ich setze Grogwasser auf den Herd und denke: Es soll ein gemütlicher Abend werden. Da klopft das junge Ding, das im Schloß die Stuben fegt und die Betten macht, ans Fenster.

»Du sollst anspannen!«

Am Heiligen Abend ist sie noch nie ausgefahren, denke ich. Was mag sie vorhaben? In einer Stunde beginnt die Bescherung für die Kinder, aber sie läßt anspannen.

Den Braunen gefällt es nicht. Ich rede ihnen gut zu, werfe ihnen das Arbeitsgeschirr auf den Rücken, weil es mir unpassend vorkommt, festlich geschmückt und mit Schellengeläute in die Heilige Nacht zu fahren. Es dauert nicht lange, verspreche ich ihnen. Im Schlitten lege ich Decken aus, vergesse auch nicht, die für den

Grog bestimmte Rumflasche vorn ins Futteral zu geben, denn mir ist so, als sollte es eine kalte Nacht werden.

Als ich vorfahre, steht sie auf der Terrasse.

»Du mußt zum Bahnhof, Erich«, sagt sie und ist aufgeregter als sonst. »Mein Mann wird in einer Stunde eintreffen. Ich wäre gern mitgekommen, aber ich muß mich um die Kinder kümmern.«

Na, so eine Überraschung! Es fällt mir nun leichter zu fahren. Ich sage den Pferden, daß wir den Herrn abholen. Sie verstehen es und ziehen so heftig an, daß harte Schneekluten gegen das Schlittenholz poltern. Ho, ho, wir fahren in die Stadt!

Eine Stunde im Trab, damit ist zu rechnen, außerdem die Mühen des festgefrorenen Schnees. Wenn du heimkommst, ist der Heilige Abend vorüber, denke ich, zünde die Laterne an und hänge sie vorn neben den Kutscherbock. Die Pferde laufen, ohne daß ich ihnen die Peitsche zeigen muß.

Also, der Herr kommt zum Fest! In den letzten Jahren war er nur selten auf Urlaub und Weihnachten überhaupt nicht. Was hat er vor? Noch einmal Weihnachten erleben, bevor es zu Ende geht?

Der Schlitten fliegt an den flachen Insthäusern vorbei. Sonderbar, ich sehe keinen Kerzenschein hinter den Fenstern, das einzige Licht kommt von dem alten, schmutzigen Schnee. Beim Pfeifeanzünden wärme ich die Hände an der Flamme des Feuerzeugs. Während die Pferde schnauben und Dampf von sich geben, fallen mir frühere Ausfahrten ein. Ich erinnere kein Weihnachtsfest, an dem wir nicht Schlitten gefahren sind. Am ersten Feiertag mit der Herrin zur Kirche. Während ich auf dem Kirchplatz warte, reitet er durch den verschneiten Wald zu seinem Gottesdienst. Ob es morgen wieder so sein wird?

Ich nehme den Weg durch die Wälder, weil er kürzer ist. Ich kenne ihn gut und fühle mich sicher. Am Heiligen Abend kann nichts Böses geschehen. Noch nie hat es ein Unglück gegeben, ist ein Haus abgebrannt, ein Kind unter das Eis geraten oder ein Waldarbeiter vom Baum erschlagen worden. Weihnachten herrscht immer Frieden.

Er wird aus Königsberg kommen, denke ich, oder aus Warschau oder Berlin. Früher sprach er viel von seinen Reisen, von der Goldenen Stadt, den Kanälen in Amsterdam und dem Gemäuer des Ewigen Rom. In den letzten Jahren ist er schweigsam geworden, erzählt nicht, woher er kommt und wohin er fährt. Es ist ein großes Geheimnis um ihn.

Die Pferde ziehen gut. Sie wissen, daß Weihnachten ist und sie den Herrn abholen müssen.

Über den Baumwipfeln schweben Leuchtkugeln, zu Weihnachten schmücken sie den Himmel.

So eine kleine Stadt und so ein großer Bahnhof. Menschenleer wie nie zuvor. Hier ist schon lange kein Zug mehr abgefahren, denke ich. Es sieht auch nicht so aus, als werde einer erwartet. Ich binde die Pferde ans Geländer des Halteplatzes, lege ihnen Decken auf den Rücken, denn sie sind naß, als wären sie durch die Schwemme geritten. Einen Arm voll Heu werfe ich ihnen in den Schnee, genehmige mir einen Schluck aus der Flasche, die für Weihnachten bestimmt ist und den heißen Grog stärken soll. Im Wartesaal nur leere Bänke. Eine nackte Glühbirne macht aus dem Raum einen Pferdestall. Ich trete die Stiefel so laut ab, daß der Mensch, der hinter dem Schalterglas eingeschlafen ist, aufschreckt und unaufgefordert Auskunft gibt über einen Zug, der in zehn Minuten aus Königsberg kommen soll. Genaues weiß niemand, sagt er. So ein Zug

kann sich auch verspäten oder auf halber Strecke umkehren.

Ich wandere den Bahnsteig auf und ab, trete den alten Schnee noch fester, rauche Pfeife um Pfeife, lehne
mich zum Wärmen an die Leiber der Pferde. Im Schloß
beginnt nun die Feier. An die dreißig Kinder stehen um
den hohen Baum, singen fromme Lieder und sagen Gedichte auf. Und wer spielt den Weihnachtsmann? Es
ärgert mich ein wenig, daß ich nicht dabeisein kann,
aber wenn der Herr kommt, geht alles vor. Ob die Mamsell sich verkleidet hat? Sie wird ihre Not haben, den
Kartoffelsack voller Äpfel in den Saal zu tragen, dazu
die Kiepe mit Pfefferkuchen, für jedes Kind ein Stück,
groß wie eine Männerhand. Die Stubenmädchen
schenken Himbeersaft ein, die Herrin reicht jedem
Kind die Hand, die Kleinen machen einen Knicks oder
einen Diener und bekommen einen Dittchen. »Stille
Nacht« werden sie singen wie immer am Heiligen
Abend. Ja, die Nacht ist still. Auch die Leuchtkugeln
steigen lautlos in den Himmel, und der Bahnhof sieht
aus wie verschlafen.

Die zehn Minuten sind vorüber, aber der Zug kommt
nicht. Ich nehme das Eimerchen, das hinter dem
Schlitten baumelt, hole Wasser vom Hydranten, der
die Lokomotive tränkt. Die Pferde wollen nicht saufen.
Ich gehe von einem zum anderen, rede ihnen gut zu
und bemerke nicht, wie hinter mir ein Zug, aus der
Nacht kommend, in den Bahnhof kriecht. Niemand
ruft die Station aus. Die Lokomotive läßt Dampf ab,
was den Pferden einen Schreck einjagt. Ich bleibe an
ihren Köpfen, um sie zu beruhigen. Will denn niemand
aussteigen? Vom letzten Wagen löst sich ein Schatten.
Diese Bewegungen sind mir vertraut. Ich habe den
Herrn von Kindesbeinen an begleitet. Ich kenne seinen

langen Uniformmantel, die Offiziersmütze, die hohen Stiefel.

»Gut, daß du gekommen bist«, sagt er und gibt mir die linke Hand, die sich warm anfühlt und nicht so eisern ist wie die rechte. Ich blicke mich um nach Gepäckstücken, die ich zum Schlitten tragen will.

»Ich brauche kein Gepäck«, erklärt er.

»Wenn wir uns beeilen, Herr, kommen wir noch zur Weihnachtsfeier.«

»Ach ja, heute ist Weihnachten«, erwidert er, als hätte er es längst vergessen.

Er springt in den Schlitten und wickelt eine Decke um seine Füße.

»War es eine angenehme Reise?« frage ich.

»Reisen sind niemals angenehm«, antwortet er. »Nur das Ankommen ist erträglich.«

Er ist anders als sonst, denke ich und höre, wie der Druckknopf seiner Pistolentasche aufspringt. Als ich mich umschaue, entdecke ich die Waffe neben ihm auf dem Sitz.

»Weihnachten wird doch keiner schießen, Herr.«

Er lacht und befiehlt mir, den Umweg über die Chaussee zu fahren, nicht durch den Wald.

»In den Wäldern geschehen schreckliche Dinge«, meint er.

»Aber nicht bei uns, Herr. Außerdem ist Weihnachten.«

»Wer weiß heute noch, was Weihnachten ist?« höre ich ihn sagen.

Er spricht rätselhaft. Weihnachten ist etwas so Allgemeingültiges, das jeden ergreift und keinen verschont. Wie kann einer vergessen, was Weihnachten ist?

»Sind alle gesund, Erich?« fragt er, als wir auf die Chaussee biegen.

»Ja, Herr.«

»Auch die Tiere?«

»Die Tiere sind immer gesund, Herr.«

»Haltet die Pferde gut im Futter, ihr werdet sie brauchen. Nicht zum Holzrücken im Wald oder zur Frühjahrsbestellung, sondern zum Überleben.«

Nun redet er wieder in Rätseln.

»Im Saal steht eine acht Meter hohe Tanne«, sage ich.

»Habt ihr sie in unserem Wald geschlagen?«

»Ja, Herr, unser Wald hat gut gewachsene Tannen, noch hundert Jahre können wir Weihnachten feiern.«

»Ist es friedlich in unserem Wald?«

»Ab und zu kommen die Wildschweine aus dem Dickicht, um die Felder umzuwühlen. Und die Hasen warten auf die Treibjagd.«

»Es wird keine Treibjagd geben.«

»Am Drei-Königs-Tag war doch immer Treibjagd, Herr.«

Er zündet sich eine Zigarette an, hält sie in der eisernen Hand, die andere ratscht das Feuerzeug. Er fragt, ob ich zu trinken mitgebracht habe. Ich reiche ihm die Flasche und sage, daß das die Weihnachtszuteilung ist.

»Du hast wirklich an alles gedacht, Erich. Du wirst noch viel mehr bedenken müssen. Einiges ist nämlich schiefgelaufen, und nun müßt ihr die Geschichte ausbaden.«

»Sie haben fünf Bleche Pfefferkuchen für die Kinder gebacken«, erzähle ich.

»Wie sind die Nächte?« will er wissen. »Hört ihr manchmal Schüsse?«

»Ach, die Nächte, Herr. Da heulen die Hunde den Mond an, der Frost rumort im See, und das Eis singt. Mehr geschieht in unseren Nächten nicht.«

»Habt ihr Einquartierung gehabt?«

»Im Oktober lag eine Kompanie im Gutspark. Sie wurde abgezogen, weil es bei uns so friedlich ist.«

»Wie weit entfernt ist die Front?«

»Weit genug, um den Kanonendonner nicht zu hören.«

»Auch bei Ostwind nicht?«

»Es gab schon lange keinen Ostwind, Herr.«

Er befiehlt mir, durch den Park zu fahren. Unweit der Gräber läßt er halten. Er stapft zu den Findlingen, wischt mit der eisernen Hand den Schnee von der Schrift, steht dort wie einer, der beten will. Er ist wirklich anders geworden.

Kein Licht im Schloß, denn alle Fenster sind verdunkelt.

Ich hätte viel darum gegeben, nun doch im Festgeschirr und mit Schellengeläute vorzufahren, damit sie es hinter den hohen Fenstern hören. Stumm schleichen wir auf den Hof, halten vor der Terrasse, aber niemand ist da, uns zu begrüßen.

»Soll ich morgen den Braunen satteln?«

»Wer weiß, was morgen ist«, antwortet er, geht zu den dampfenden Pferden, tätschelt ihren Hals, spricht mit ihnen, bevor er die Treppe hinaufspringt, die Tür aufreißt und ihren Namen ruft: »Ines!«

Im Flur grelles Licht, das eine Schneise wirft in den Park. Aber keine Stimmen. Nach einer Weile erscheint die Herrin auf der Terrasse, um zu sagen, daß ich in die Küche kommen soll, wenn die Pferde versorgt sind.

»Die Mamsell wird dir ein Festessen vorsetzen.«

Die Feier ist längst vorüber. Am hohen Baum im Saal brennen die letzten Lichter aus, es duftet nach Kerzenwachs und angebranntem Tannengrün. Auf der Diele versammeln sich die Mägde, um den Herrn mit einem Weihnachtslied zu begrüßen.

Aber erst die Pferde. Ich schütte ihnen Hafer in die Krippe, führe sie zur Tränke und sage ihnen, daß sie Ruhe haben bis zum Kirchgang am Weihnachtsmorgen. Ich wasche mich im Stall, hole die gute Jacke aus der Kutscherstube. Die Mamsell deckt mir auf. Eine angebrochene Flasche Wein, die der Herr vor Jahren aus Frankreich geschickt hat, wartet auf dem Küchentisch.

»Er ist anders als sonst«, sagt auch sie. »So unruhig, als erwarte er etwas Schlimmes.«

Sie tischt mir auf, schenkt Wein ein und spricht davon, daß der Herr keinen Bissen gegessen hat. Als die Mädchen ihm vorgesungen haben, winkte er nach der ersten Strophe ab und ging die Treppe hinauf.

Ich frage nach dem Fest mit den Kindern.

»Es war wie immer«, sagt sie. »Sie haben gesungen und gebetet. Die Herrin hat zu ihnen gesprochen. Es wird bald Frieden geben, hat sie gesagt.«

Im Nebenraum läutet das Telefon. Niemand nimmt ab.

»Wir sollen uns nicht um das Telefon kümmern, hat er gesagt. Er erwartet keinen Anruf. Niemand soll wissen, daß er hier ist.«

Oben klimpert er auf dem Klavier, nichts Bestimmtes, nur ein Tröpfeln hoher Töne. Schon als Junge hat er so vor dem Klavier gesessen, aber niemals eine Melodie gespielt.

Die Mamsell bringt einen heißen Bratapfel und schenkt Wein nach.

»Wer weiß, ob wir noch einmal Weihnachten feiern«, sagt sie.

Weihnachten kommt immer wieder, denke ich, wage aber nicht, es auszusprechen.

Als ich satt bin, gehe ich vor die Tür, um eine Pfeife zu rauchen. Es krümelt ein wenig, auch ist Wind aufgekommen. Er rumort in den Parkbäumen und wird sich zu einem Sturm auswachsen. Ich besuche die Pferde. Sie haben sich hingelegt. Als ich den Stall betrete, springen sie auf. Ich gebe ihnen etwas, weil Weihnachten ist.

»Morgen fahren wir in die Stadt«, sage ich zu ihnen.

Das Dorf liegt still wie immer an Weihnachten. Ich wandere ums hohe Haus, prüfe den härter werdenden Wind und denke, daß es an der Zeit ist, schlafen zu gehen. Aber ich spüre keine Müdigkeit. Irgend etwas liegt in der Luft, ein Schneesturm oder ein Unglück.

Oben im Haus springt ein Fenster auf.

»Geh noch nicht schlafen, Erich«, höre ich ihre Stimme. »Setz dich in die Küche und warte, vielleicht wirst du noch gebraucht.«

Was soll das nun wieder bedeuten? Es geht auf Mitternacht zu, und ich soll mich wach halten. Was für eine Heilige Nacht! Ich setze mich neben den Ofen, trinke den letzten Wein aus der französischen Flasche, denke an die Geister, die um Mitternacht zu spuken beginnen, aber Weihnachten geben sie Ruhe.

Das Telefon läutet, aber niemand nimmt ab.

Draußen geht der Wind. Ich schlafe ein und werde wach, als jemand die Tür öffnet.

»Der Herr will, daß du vorfährst«, sagt die Mamsell.

Großer Gott, er will fahren, mitten in der Nacht will er fahren. Was sollen die Pferde denken?

Ein dünner Schneeschleier hat die Spuren verweht. Die Nacht ist heller geworden. Hinter den abziehenden Schneewolken wartet der Mond. Oder ist es schon das Morgenlicht?

Die Pferde wundern sich sehr.

»Der Herr will es so«, sage ich.

Diesmal mit Festgeschirr, denn es ist schon erster

Feiertag. Alle im großen Haus sollen hören, wenn ich mit Schellengeläute vorfahre.

»Es muß etwas Furchtbares geschehen sein«, flüstert die Mamsell, die mit aufgelösten Haaren an der Tür steht, die Hände vor dem Leib gefaltet.

Wieder höre ich das Telefon, jetzt auch seine Stimme: »Jawohl, ich komme sofort! Zu Befehl!«

Ohne Eile kommt er die Treppe herab. Die Herrin folgt ihm, will ihren Pelzmantel greifen.

»Ich bitte dich, Ines!« ruft er in scharfem Ton und nimmt ihr den Mantel aus der Hand.

»Ich kann dich nicht allein zu ihnen lassen«, flüstert sie.

»Du mußt bleiben, hier wirst du gebraucht«, erklärt er.

Sie verbirgt das Gesicht in den Händen, geht zögernd hinauf, ohne sich umzuschauen.

»Dann wollen wir mal!« ruft er und legt seine eiserne Hand auf meine Schulter.

Ich helfe ihm in den Mantel. Unter dem Mantel sehe ich die Ledertasche mit der Waffe.

»Die Zeiten sind so, daß wir uns nicht aussuchen können, wann Weihnachten ist«, sagt er und lacht.

Bevor er in den Schlitten steigt, schaut er nach oben. Die Frau steht am Fenster. Sie sieht weiß aus, oder ist es der Schnee, der sich am Fenstersims abgesetzt hat? Sie hebt die Hand, wie um zu winken. Sie öffnet das Fenster. Nun wird der Schnee in ihre Schlafstube krümeln, denke ich.

»Versuche zu überleben!« ruft sie ihm zu. »Ich brauche dich.«

»Bevor ich mich von denen …«, antwortet er, bringt den Satz aber nicht zu Ende.

Ich erschrecke, weil oben alle Fenster leuchten. Sie

hat nicht verdunkelt, es bedeutet ihr nichts, und die feindlichen Flieger mögen ruhig kommen.

»Zum Bahnhof«, befiehlt er.

»Fahren um diese Zeit noch Züge?«

»Gewisse Züge fahren immer, vor allem die letzten Züge.«

Er hat nichts dagegen, durch den Wald zu fahren. Das Schellengeläute stört ihn nicht. Er raucht eine Zigarette nach der anderen, schlägt mit der eisernen Hand am Seitenbrett den Takt zu einer Melodie, die nur er hört.

»Du mußt dich um sie kümmern«, fängt er plötzlich an.

»Ja, Herr«, antworte ich, weiß aber nicht, wen er meint.

»Nach Neujahr müßt ihr packen. Nur das Nötigste, die Dokumente und Nahrung für ein paar Wochen. Vergeßt nicht das Futter für die Pferde. Die Pferde sind das Wichtigste. Lade einen Sack Hafer und mehrere Ballen Heu auf, damit ihr nicht um Futter betteln müßt.«

»Wohin sollen wir reisen, Herr?«

»Irgendwohin, nur immer nach Westen. Meine Frau hat Verwandtschaft in Mecklenburg.«

»Wäre Königsberg weit genug, Herr? Dort ist auch Verwandtschaft.«

»Nein, weiter, viel weiter. Nichts darf euch aufhalten. Auch wenn ihr keinen Kanonendonner hört, müßt ihr fahren. Nimm nicht den Schlitten, sondern die Kutsche. Ihr werdet lange unterwegs sein, da könnte euch der Schnee ausgehen. Das ganze Gut muß auf die Wagen, niemand darf bleiben. Spätestens zum Drei-Königs-Tag müßt ihr aufbrechen. Danach wird die Welt untergehen.«

Am Drei-Königs-Tag ist Hasenjagd, denke ich.

Er reicht mir einen Briefumschlag.

»Das sind die Karten der Provinzen, durch die ihr kommen werdet. Ich habe eure Straßen eingezeichnet. Es ist besser, die Nebenwege zu fahren, denn die Hauptstraßen sind nicht mehr geheuer.«

So redet er und redet, bis der Bahnhof im Schneelicht auftaucht. Da steht tatsächlich ein Zug, steht abfahrbereit, als warte er nur auf den Herrn. Aus der Lokomotive zischt Dampf und läßt ringsum den Schnee schmelzen. Auf dem Bahnsteig sehe ich dunkle Gestalten. Eine Leuchtkugel zischt in den Himmel, taucht den Zug und die Fenster des Bahnhofsgebäudes in rotes Licht. Nun sehe ich, daß die Gestalten Schwarz tragen.

Bevor wir den Bahnhof erreichen, läßt er halten. Wenn wir jetzt umkehren, wäre alles gut, denke ich.

»Du fährst nach Hause, und ich gehe zu ihnen«, sagt er.

Er springt in den Schnee. Ich sehe, wie er die Waffe aus der Tasche nimmt, sie entsichert. Im Wenden bemerke ich, wie sich die schwarzen Gestalten in Bewegung setzen. Der Herr geht ihnen entgegen. Irgendwo auf dem Bahnsteig werden sie sich treffen. Was dann geschieht, weiß keiner. Ich gebe den Pferden die Peitsche. Bevor wir den Wald erreichen, höre ich einen Schuß. Nun haben sie ihn, denke ich. Die schwarzen Gestalten haben unseren Herrn geholt.

Wieder steigt eine Leuchtkugel zum Himmel. Der Stern von Bethlehem. Wie schön der Wald aussieht. Auch der Schnee färbt sich rot. Was für eine Nacht! Bald wird der Morgen grauen. Wenn es Sommer wäre, würde jetzt die Sonne aufgehen, und alles wäre gut.

Die Frau wartet. Sie sitzt am Kamin, ohne etwas zu tun, neben ihr das Telefon. Ich bekomme einen Schreck, weil sie schwarz gekleidet ist, als trüge sie Trauer.

»Hat er noch was gesagt?« fragt sie.

»Nur soviel, daß wir am Drei-Königs-Tag flüchten müssen. Danach soll die Welt untergehen.«

Sie erhebt sich und geht nach oben. Am Ende der Treppe bleibt sie stehen.

»Du brauchst morgen nicht anzuspannen«, ruft sie. »Ich werde nicht in die Kirche fahren.«

Am Tag nach Weihnachten schickt sie die Knechte in den Park. Sie sollen eine Grube ausheben neben den Findlingen. Es ist eine schwere Arbeit, denn der Frost sitzt metertief. Sie wartet bis zum Drei-Königs-Tag, aber der Herr kommt nicht. Also läßt sie die Grube zuschütten und setzt ein Kreuz darauf. Am Abend spannen wir an und begeben uns auf die Reise.

Danach gab es nie wieder Weihnachten. Nein, ich besitze keine Pferde mehr. Es fiel auch nie genug Schnee, um Weihnachten mit dem Schlitten zu fahren.